藤堂良明・村田直樹 編

21世紀の柔道論

21st CENTURY JUDO

国書刊行会

まえがき

　日本で生まれた柔道は、現在約200の国と地域に普及し（2018年10月現在）、オリンピック正式種目となって発展の一途をたどっています。その柔道を創始した人は嘉納治五郎師範（1860〜1938）です。

　嘉納師範は体育・スポーツに深い理解を示し、昭和15（1940）年第12回オリンピック大会を東京で開こうと奮闘し、遂に招致に成功しました。しかし、同大会は第二次世界大戦のため、不幸にも中止のやむなきに至りました。けれども師範の夢はついえず、昭和39（1964）年10月10日、第18回オリンピック東京大会となって実現。この時、柔道も正式種目として採用されました。師範、柔道、オリンピックと、深い因縁を感じない訳には参りません。

　そして来る2020年、再びオリンピック・パラリンピックが、「未来（あした）をつかもう〜」というスローガンの下、東京で開催される運びとなりました。

　これを機会に私たちは、柔道も未来をどのように歩んで行けばよいのか、改めて考える必要があるのではないだろうか、と考えました。何故ならば、これまでの柔道の発展は、そのほとんどが競技者を育成する選手権大会の勝利を目指したものであり、勝利そのものは素晴らしいことだとしても、柔道の在り方は競技力向上という一面的発展だけでよいのだろうか、といった懸念の声も耳に入って来たからです。

　例えば競技者育成だけでなく、人格を淘汰する教育としての柔道とは如何

なるものなのか、形の理合いを学ぶ修行とは如何なるものなのか、障がい者も愉しめる柔道とは如何なるものなのか、等々。このように考えてくると、今こそ柔道の議論をより広げ、深め、それぞれの課題解決に取り組むよい機会なのではないでしょうか。

このような動機から、ここに各分野の柔道研究者が集い、それぞれの研究的立場から21世紀の柔道について議論を展開します。即ち柔道の歴史を近世の柔術から振り返り、次いで嘉納師範の柔道の創始から普及戦略まで探ることにしました。次に師範とその弟子たちの事績を見ながら、「海外に普及する柔道」について探りました。

一方、柔道には忘れてならない点として、その武術面があります。師範の論考、及び実際に武術としての柔道を応用した例を取り上げ、「武術としての柔道」とはどういうものかを探りました。

柔道の練習法には形と乱取という二つの形態がありますが、それぞれの在り方について探りました。形は文法、乱取は作文という関係にたとえられているように、柔道は両方合わせて技を磨き技能を向上させ、その神髄を体得する道と言われていますが、近年、形も国内外に普及し全日本柔道形競技大会、世界柔道形選手権大会等、競技としても行われるようになって来ています。形の歴史や意義を振り返り、形競技の今後の課題を探りました。

海外では、特にフランスが登録人口では日本を上回り、オリンピックでも好成績を残しています。フランス柔道界の取り組み方について現地の視察を通して競技力向上面のみならず、柔道を通した教育について探りました。

さらに、身体や精神に障がいを持つ人々の柔道の取り組み方についてその現状と課題を明らかにして、障がい者柔道の在り方について探りました。

以上のような内容で、現在将来における柔道の歩みと課題について論じ、提言する本書をお届けする運びとなりました。英文要約はデヴィッド・マクフォール氏（米国人講道館修行者、五段）によるものです。

結びに、本書の出版に当たって多大なご指導ご支援を賜りました国書刊行会の伊藤嘉孝氏に心より感謝の意を表し、ここに厚くお礼申し上げる次第です。

　平成31（2019）年3月

　　　　　　　　　　　　　　　　　　　　　　　　　　　著者一同

目　次

まえがき　1

第一章　柔術の歴史と技法………………………………藤堂良明　9
　1、組討の体系化と柔術流派の成立　9
　2、柔術の源流・竹内流腰廻小具足　11
　　（1）竹内流の起こり　（2）竹内流の技法
　3、柔術の名を使った関口新心流柔術　14
　　（1）関口流の起こり　（2）関口流の技法
　4、鎧を着けて行う起倒流柔術　17
　　（1）起倒流の起こり　（2）起倒流の技法　（3）乱稽古の出現
　5、柔道の名を使った直信流柔道　22
　　（1）直信流柔道の起こり　（2）直信流柔道の技法
　6、幕末期最後の流派・天神真楊流柔術　24
　　（1）天神真楊流の起こり　（2）天神真楊流の技法　（3）乱捕、試合の出現
　7、まとめ　29

第二章　柔道の創始と普及………………………………藤堂良明　31
　1、講道館柔道の創始　31
　　（1）嘉納師範と柔術修行　（2）講道館柔道の創始
　2、講道館の基礎固め　35
　　（1）諸行事の整備　（2）嘉納師範の乱取開発　（3）警視庁武術大会の勝利　（4）段位制度の整備
　3、嘉納師範の柔道普及戦略　42

（1）学校柔道の普及（2）柔道技術の普及（3）高専大会と嘉納師範
　　（4）柔道思想の普及（5）国民体育の創作
　4、柔道普及の実態と課題　53

第三章　海外に普及する柔道……………………………村田直樹　57
　1、はじめに　57
　2、普及の動機　59
　3、いざ米国へ　63
　4、滞米中、日露開戦　69
　5、生涯の誇り　73
　6、海外指導のいま　78
　7、結論　80
　8、おわりに　81

第四章　武術としての柔道……………………………村田直樹　85
　1、はじめに　85
　2、勝負の方法　86
　3、応用の実際　88
　　（1）相手を制した例（2）命を捧げた例（3）命を落とした例
　4、嘉納師範の武術論　98
　5、結論　107
　6、おわりに　107

第五章　形としての柔道……………………………大島修次　111
　1、形の歴史　111
　　（1）形制定の理由（2）形の制定（3）武徳会における形の協定（4）柔

の形、剛の形（5）五の形
2、「形」の種類　116
　　（1）乱取の形――投の形・固の形（2）真剣勝負の形――極の形・講道館護身術（3）美育の形――柔の形・五の形・古式の形（4）攻防式の形――剛の形・精力善用国民体育（5）競技のための投の形の説明
3、形の競技化　161
4、形と競技と　164
　　（1）形と日本文化（2）形の練習（3）守・破・離（4）形の修行目的
5、現状と課題　167

第六章　乱取としての柔道……………………………曽我部晋哉　171
1、乱取の発展　171
2、乱取の方法　173
3、乱取試合ルールの原点　175
4、乱取試合の発展　177
5、体重制の導入　179
6、みるスポーツとしての柔道の発展　181
7、競技スポーツとしての科学的アプローチ　182
　　（1）オリンピックにおける獲得メダルの推移（2）柔道の競技特性
8、まとめ　186

第七章　フランスにおける柔道……………………………曽我部晋哉　189
1、フランスの登録人口　189
2、フランスにおける柔道の歴史　192
3、フランスの指導者資格制度　194
4、フランスの競技者育成システム　196

5、柔道普及の取り組み　198

　　（1）コード・モラル（Code Moral Du judo）（2）昇級制度（3）柔道パスポート

6、市政への導入　202

7、まとめ　202

第八章　障がい者柔道への誘い………………………佐々木武人　205

1、障がい者への生涯スポーツとして　205

2、「Judo for All」の理念について　206

3、障がい者に果たして柔道ができるのか　207

4、障がい者の柔道における欧米の研究動向と我が国について　209

　　（1）知的障がい者と精神障がい者を対象とした研究（2）視覚障がい者と身体障がい者を対象とした柔道研究（3）我が国の障がい者柔道の研究

5、障がい者柔道の運動療法としての実践　215

　　（1）欧米における精神障がい者への柔道のとらえ方（2）我が国の精神障がい者への指導実践例について

6、障がい者の柔道への接し方　231

7、最後に"ゆる柔道"と障がい者から学ぶ　232

Chapter 1　History and Techniques of Ju-Jitsu　237
Chapter 2　The creation and the spread of Judo　238
Chapter 3　Diffusion of Judo in the world　240
Chapter 4　Judo as a way of martial arts　241
Chapter 5　Judo as Kata　242
Chapter 6　Judo as randori　244
Chapter 7　Judo today in France　245
Chapter 8　Invitation to judo for disabled people　246

第一章　柔術の歴史と技法

藤堂良明

　現在行われている柔道は、嘉納治五郎（以下・嘉納師範）が明治15（1882）年に創始されたものです。しかし、その源をたどると江戸時代に栄えた柔術がありました。柔道を花にたとえると、柔術は根や幹と言うことができるでしょう。本章では、まず戦場の組討（くみうち）からどのようにして柔術流派が成立したかを見ます。次に、柔術の源流とされる竹内流腰廻（たけのうちりゅうこしのまわり）、柔術の名を初めて使った関口新心流柔術、嘉納師範が学んだ起倒流（きとうりゅう）や天神真楊流（てんじんしんようりゅう）柔術などの流派を取り上げ、柔術の歴史と技法について探ってみたいと思います。

1、組討の体系化と柔術流派の成立

　平安時代中頃、律令制度に基づく中央集権体制がゆるむと、地方では一部の豪族や有力農民は土地を開墾して自らの生活を守るために武装し、武術に秀でる者は合戦を仕事とする兵（つわもの）となります。一方、都でも朝廷や貴族の警護に預かる侍（さぶらい）が現れます。武士の出現です。
　やがて、藤原氏一族が都で全盛を誇っていたため、貴族の中には都から地方へ下って武士の棟梁となった者がいます。瀬戸内海の海賊を倒して西国で力をつけた平氏と、東国で力をたくわえた源氏であり、両者は権力争いを繰

り広げました。戦(いくさ)は、まず相手を威嚇(いかく)するために弓の射合いから始まります。矢のスピードは時速240kmほどであったというから、鎧を付けていても怖かったと思います。次に馬に乗って突進して刀で斬り合います。刀折れ矢尽きた際は、相手を組み伏せて留めを刺すといった組討で勝負が決まりました。

当時の組討の様子は、『源平盛衰記』(巻38「平家の公達最後」)に次のように書かれています。馬に乗っての戦が多く、「馬と馬とを馳せ並べて取組み」地面に落として上になり下になり「ついに上に」なる。相手の鎧の両袖を上から押さえて自由を制し、「腰刀で首や脇腹を切って」命を奪ったのです。こうした組討の様子は父から子への物語として、また武将が兵卒に語り継ぐこともありました。今一つ、組討の際に起こりうる場合を想定して、これに対処する技を研究しようとする者が現れます。こうして室町時代から(1338〜)組討の体系化が行われるようになりました。

一方、能や華道において「形(かた)」として稽古する方法が確立し流派が生まれると、武術においても変化が起こります。戦に必要な総合武術から、ある程度分化した流派の成立が見られるようになります。「形」とは技の神髄を伝える手段として、無駄なく確実に速く理解できる方法として生まれた稽古法のことです。武術において、最も早く流派の成立を見たのが弓馬術の小笠原流(14世紀初期)であり、少し遅れて兵法の天真正伝香取神道流(てんしんしょうでんかとりしんとう)(15世紀中期)、16世紀初期には柔術の源流・竹内流腰廻が現れます。こうした流派が成立する条件は次のようなものでした。

① 素晴らしい才能を持った名人の出現。
②「形」が易から難へと系統的に配置されて教習体系が整うこと。
③ 印可(皆伝)に至るまでの昇格過程が整うこと。
④ 流祖は秘技を最高弟子に皆伝し、同時にその弟子に免許を相伝する全権利を与えること(=完全相伝方式)。

こうして、我が国には流祖の数だけ流派が生まれました。柔術とは、「無

手或ハ短キ武器ヲ持ツテ居ル敵ヲ攻撃シ又ハ防御スルノ術」[1]であり、江戸時代には柔術流派は167あり剣術は623流派もあったのです。

2、柔術の源流・竹内流腰廻小具足

(1) 竹内流の起こり

　柔術の源流とされるのは竹内流です。武芸一般の記述として早期のものである『本朝武藝小傳巻之九』[2]には、竹内流の起こりが書かれています。

　　「小具足捕縛は其傳来久しきなり、専ら小具足をもって世に鳴る者竹内なり。今これを竹内流腰廻という、〜中略〜、傳書に曰く、天文元年六月二十四日修験者忽然と竹内の館に来て、捕縛五を教えて去る。(口語体に変換)」

　天文元 (1532) 年、岡山県の一ノ瀬城主であった竹内中務大輔久盛が堺和三之宮境内において木剣で修行中、修験者らしい老翁が現れて兵法の極意を教えます。老翁は、竹内の持っている木剣を取り「長きに益無し」と二つに切り小刀とし、「之を帯せば小具足なり」と述べました。長さ1尺2寸 (約36cm) の小刀を小具足と言い、小刀での攻撃と防御が竹内流の特徴となります。久盛は、授かった捕縛五手を元に小具足組討技である「竹内流腰廻小具足」を創ったのです。戦乱の絶え間ない戦国時代に生まれた流派でした (資料1)。

　竹内久盛が編み出した技は次の通りです。

捕手5手　　(立相いの事、居相いの事、込添の事、風呂詰の事、極向廻上の事)

腰廻25手　(忽はなるる事、すましを見る事、脇指さや抜きの事、鴨の入頸の事、脇指落手の事、脇指横刀之事、脇指入違え之事、つかくだきの事、大ころしの事、たおしきる事、右の手を取り脇指

資料1　竹内流発祥の地

横刀之事、大乱の事、小乱の事、四手刀の事、ほこしばりの事、脇指に而心持の事、奏者取りの事など）

　捕手5手と腰廻25手が竹内流の基本技となります。室町時代に入ると打刀が流行しますが、垪和地方は山の険しい地帯であり、山城を築いて守る竹内一族は短刀で戦う方法を考えました。竹内流の技の特徴は、小刀を手に相手と対峙し、斬り合い、相手を崩して投げて留めを刺します。こうした技は戦場で行われた組討の様子を表しており、柔術の源流を知る上で貴重な「形」でした。久盛は晩年に土着帰農し、以後は農を仕事とし、子々孫々に至るまで仕官することのないようにと家憲を残します。そのため、二代・次男の久勝以降は仕官の道を辞して一族により竹内流を伝承しました。

(2) 竹内流の技法

　二代・久勝は諸国修行を行い、鎧組之事「必勝之巻」五ヶ条や秘伝「八ヶ

条之事」などを作ります。三代・孫の久吉は「裏極意之巻」などを拵えて流儀を完成しました。腰廻から派生した技には剣法斉手（太刀）、剣法抜刀（居合）、羽手（拳法体術）、棒、薙刀、捕手捕縛などがあり、いずれも戦場で必要な総合武術でした。

　流祖・竹内久盛は腰廻を編み出す前は剣術を得意としており、剣法斉手（太刀）と呼ばれる剣術がありました。羽手（拳法体術）とは、相手の急所へ当身技（あてみわざ）を施した後に投技から留め技に移る技であり、例えば「尺沢（しゃくたく）」は相手の当身を受け流して背負って投げ、尺沢（手の急所）を突いて身動きできなくしたのです。

　久勝は弟子の「形」の習熟度に応じて最高位の「印可（いんか）」に至るまでの昇格過程を定めます。先ず入門者は「誓詞（せいし）」を提出すると入門が許されます。次いで定められた「形」を習得すると「達者（たっしゃ）」に昇格し、さらに所定の「形」を習得すると「目録（もくろく）」が許され、やがて「免許（めんきょ）」を経て最高位の「印可」に昇格できたのです。「印可」を得られるのはわが子の一人だけでした。これを一子相伝（いっしそうでん）と言いました（資料2）。

「達者」──捕手腰廻、羽手、棒など。
「目録」──捕手腰廻、剣法斉手、棒、羽手、捕手など。
「次膕」──剣法斉手、抜刀、薙刀、捕手腰廻、迅縄（いやい）、羽手、棒など。
「免許」──捕手腰廻、羽手、棒、捕手、殺活法など
「印可」──大極意と秘奥の伝

資料2　昇格に必要な「形」の種類

　昇格する際には基本の技である捕手腰廻から入り、次いで剣法や羽手を学び、「免許」の際には殺活法（さつかつほう）までが課せられたのです。殺法とは人間の急所の場所を突く方法であり、活法とは気絶した者に施す意識回復法でした。

第一章　柔術の歴史と技法

3、柔術の名を使った関口新心流柔術

(1) 関口流の起こり

　これまで腰廻や捕手と呼ばれていた流派名を、柔術の名称に変えたのは関口流です。近世中期の武士道書である『武士訓』には、「慶安以来、柔術の妙技は嘗て唐土にもなく紀州関口柔心、独り柔能制剛の理を悟り初めて其の術を工夫し柔術と名付けた。」3) と書かれており、慶安以降（1648～）に関口氏心が"柔よく剛を制す"原理から柔術の名称を使用したのです。流祖の関口弥六右衛門氏心は、慶長3年（1598）に今川義元の一族・関口氏幸の子として生まれました。氏心は早くから組討に志し、今川氏滅亡後に諸国を武者修行し研究を積み、紀州藩主・徳川頼宣に招かれて柔術師範を勤めます。氏心は柔術の「柔」を次のように説明しています。

「老子の曰く、惟天下之至柔、能く天下之至剛を制すと、惟天下之至弱能く天下之至強をもとむとす。」4)

　（訳：老子が言った。世の中で最も柔らかいものが最も剛のものを制する。
　　　天下で最も弱いものが最も強いものを制すると。）

　老子は中国の春秋戦国時代の思想家であり、柔が剛を制すのは水の柔らかさと順応性による、と説きました。氏心が体得した"柔らかな力の使い方"が、老子の「柔」の性質と一致したものと考えられます。また「関口新心流」の名称は、稽古に励むと日々新たな心が生まれるとして名付けられました。氏心の長男は氏業、次男を氏英、三男を氏曉と呼び、三人は関口流を広めた功労者です。氏心は晩年に柔心と称しました（資料3）。

　関口流の「系譜」は次の通りです。

初代・関口弥六右衛門氏心―2代・八郎左衛門氏業―3代・万右衛門氏英―4代・弥太郎氏曉―5代・万右衛門氏一―6代・外記氏元―7代・万平氏

資料3　関口氏心の像

記―8代・万右衛門氏敬―9代・万之丞氏贇―10代・柔心氏胤―11代・万平氏柔―12代・芳太郎氏中―13代・芳夫氏広

(2) 関口流の技法

　関口新心流の技は、柔術、居合術、剣術の三つを根幹とし、柔らかな力の使い方を活かして「柔」と称しました。技の内容は次の通りです。

【柔術】

　手続・8本、撓合・8本、四つの捕・4本、固・7本、車取・16本、立合・6本、組合・10本、自己の誤・7本、小具足・20本、中段固め・13本、中段立合・13本、極意固め・6本、極意立固め・5本、極意小具足・10本など

【居合術】

表・6本、中段・5本、立合・5本、裏・6本、中段裏・5本、立会裏・5本

【剣術】

剣術・3本、打合形・5本

　二代・氏業は寛永13（1636）年に生まれ、父に柔術を学び15歳で徳川頼宣に仕えて翌年から武者修行に出ます。各地で22年間修行を積み、帰郷して紀州藩柔術師範として禄300石を受けます。氏業は多くの門弟を育成し、後に渋川流を開く渋川伴五郎も教えました。氏業の作とされる『関口流柔誘引書』5) にも関口流の「柔」の精神が説かれています。

「楊流を以て柔とす。楊流は、物に応じて逆らわず随い、来るものにつれて、尽る所において本体に帰るもの成り。柔とは敵の力をわれにして、ふりし柳の心なりけり。」

　楊流（ようりゅう）とは、激しい風雨の中でも本体を持っているため折れない柳の木です。関口流は楊流の心体をもって相手の力に応じて戦うように説かれました。また、各種の武器で戦っても最後は組討になるので、組討を大切にすべきとされました。

　さらに氏業は柔術の請身（うけみ）を編み出します。『南紀徳川史巻之1・武術伝第3』6) には次のように書かれています。氏業が歩いていると猫が屋根で眠っていました。その猫は「余りに寝入てころころと落たるに中にてひらりとはね返り四足を立て地に落付たり。」これを見た氏業は請身を工夫します。自分で藁（わら）を敷きその上に布団を置き尻から落ちる稽古をします。次第に落ち方が巧くなり、「やがて高き屋根よりさかさまに落れとも、中にて返り落ける故猶修行して柔術一流の門を開て元祖となれり」ということでした。氏業は"猫の宙返り"を見て屋根から落ちる稽古を繰り返し、終に身体を回転して立つ請身を編み出しました。今日の柔道の受身の源がここにあったのです。

　三代・氏英（うじひで）は、万治3（1660）年に徳川頼宣に召されて番外勤めを経て

大御番となりましたが、46歳の若さで亡くなりました。江戸時代も半ばを過ぎると、武士は釣りや花見にふけり武術稽古を怠り、幕府も他流試合を禁止したため切磋琢磨する機会が失われます。そこで、関口流中興の祖と言われる7代・関口万平氏記（1742〜1801）は、流祖以来廃されていた技を全て元に改め、新たに打突技を考案します。柔術は目付と早足が必要であると説き、心の扱いについても「我心を臍の下に納めて余所へやらずして、敵の働きに依て転化せよ。」と述べ、気を臍下丹田に納めて変幻自在な動きを大事にしたのです。

4、鎧を着けて行う起倒流柔術

(1) 起倒流の起こり

　起倒流柔術は、江戸初期に茨木又左衛門俊房によって創られた流派です。茨木は武芸を研究しようと柳生家に入り、研究していた武芸の構想を柳生宗矩に進呈します。茨木が構想した武芸は『起倒流乱目録』（1637）によると次のようなものでした。

「体すくなるにより、勝ある心なり。出て入る心持、車、敵に随いまはり居る身すぐなり。請拍子いきの大事、右之三つは、体と身拍子と心之請と此れ三つの稽古なり。前後左右、立も居も、同意也。」7)

　この伝書によると、本体と車、請、拍子、呼吸を技の原理としたのです。また五本の技（行連、行違、行当、身砕、谷辷）もありました。茨木はこの粗案を「乱」と名付けて禅僧・沢庵に話すと、沢庵はすぐに起倒と名付けました。こうした経緯から、最初は「起倒流乱」と呼ばれました。起倒という文字については、「相ニ住ム者ハ倒レ、相ヲ離レル者ハ起ツ。起倒ノ名由ッテ設ケタル所也。」8)と書かれています。姿や形などの相に居つく者は倒れ、そこから自由になる者は起つ、という意味があったのです。

茨木を継いだのが寺田正重(てらだまさしげ)(1618～74)であり、「起倒流組討と改る元祖」と呼ばれて起倒流組討（柔術）の名で広めます。正重は身長151cmと小柄でしたが、沢庵から不動智の教えを会得し林羅山に儒学を学び一家をなして出雲に帰り、禄二百石を頂き師範となりました。寺田は14本の「形」と起倒流・五巻の中の『天巻(てんのまき)』『地巻(ちのまき)』『人巻(ひとのまき)』を作りました。寺田の門には二代・吉村兵助扶壽(よしむらへいすけながふ)が出て松江の藩士にして同門に傑出し、三代・堀田頼庸(ほったよりつね)は大坂で起倒流を広めました。四代・滝野遊軒(たきのゆうけん)は享保年間に浅草三筋町で教え、江戸に起倒流を普及させました。

(2) 起倒流の技法

入門すると修行者は21本の「形」の稽古と、『本體(ほんたい)』『天巻(てんのまき)』『地巻(ちのまき)』『人巻(ひとのまき)』『性鏡巻(せいきょうのまき)』の五巻の書により理論を学びます。「起倒流の形」は、鎧を着けて行う鎧組討技(よろいくみうちわざ)のため当身技は利かず相手に組みつき倒す投技が主でした。起倒流二代（起倒流組討の初代）の寺田正重は、「表の形」として體、夢中、力避、水車、水流、引落、虚倒、打砕、谷落、車倒、鐙取、鐙反、夕立、滝落の14本を作りました。「裏の形」は身砕、車反、水入、柳雪、坂落、雪折、岩波の7本がありました。合計21本の「形」があったのです。

江戸後期に書かれた『起倒流柔術　全』9)によると、全ての「形」を1本目の"體(たい)"の心持で行うように書かれています。"體"では、顔を柔和にして「丹田(たんでん)を保ち」肩に力を入れずに立つ。受(うけ)が、取(とり)の腹と背中の上帯を持って横の方へ引くと、取は引かれるまま左手で受の後ろの上帯を持ち、「右ノ手ヲ向フ之頭ノ上へ上ケテ右ノ足ヲ折、左足ヲ立テ、腹氣ト空機ニテ落ス。」と書かれています。"體"では、崩れない姿勢と相手の力に逆らわず従い勝を制すという「柔の理」を学んだのです。ただし最後の動作は、取は受の頭に手をかけ投げ落とす動作とされ、戦場における武術色の強い技であったといえます（資料4）。

資料4 起倒流の技

　理論の方は、入門すると先ず『本體』を学ばなければなりません。その内容は、
「本躰は体之事理也。専ら形を離れ氣を扱う。正理を己に得ざれば氣を扱うことを知らず。静貌至る所静氣を得て、敵之強弱能く徹す。強弱通達すれば、則ち千変万化、敵を制せざる無し。是れ則ち虚実に中る。本を為るは、体之正を務るのみ。故に本體という。」[10]
（訳：本躰は事（技）と理（心）のことです。「形」の所作を離れて気のあり方が大切です。正しい心を会得しないと気を扱うことは出来ません。静かな体は冷静な気を得て敵を倒すことが出来ます。また、強と弱を身に付ければ千変万化して敵を倒すことができます。基本は崩れない姿勢を作ることです。故に本体と言いました。）

つまり、丹田を鍛えて「形」の所作を離れ天地一帯の気を養うことが大切であるとされました。武芸は技だけでなく心のあり方が重要なのであり、邪念に侵されると本心が曇ってしまう。この曇りを払い去れば、戦に臨んで千変万化の動きが出来るとされました。

　修行を積んで「形」がある程度できるようになると『天巻』を与えられます。『天巻』では「起倒流は起っても寝ても勝ち柔弱でも剛強に勝つ。自分の力を捨て相手の力に順応して勝つ。」という精神を学びました。さらに「形」に習熟すると『地巻』を与えられ、相手の拍子に乗らず不動心で戦うこと等を学びます。「形」に熟達すると『人巻』を与えられ、「印可」の際には『性鏡巻』を授けられました。「形」を通して武士としての心を究めるといった、精神的な面が重視されたのです。

　後に講道館柔道を創始する嘉納師範は、「起倒流の形」は深い術理があるので講道館の「形」として残し、明治34年には「古式の形」に名称を変えます。そのため、「起倒流の形」と「古式の形」には共通する部分が多いのですが、技の名称や掛け方に違いも見られます。「起倒流の形」の詳しい解説がなされた『起倒流柔術　全』(1836)と、講道館雑誌『有効の活動』(1921)中の村上邦夫作「古式の形」を比較します。

　まず「形」を行う際の心構えとして、「起倒流の形」も「古式の形」も摺り足で行い呼吸を重んじている点は同じです。しかし「形」の名称において読み方が異なる技があります。夢中（ムチフ→ゆめのうち）、水流（ミツナカレ→みずながれ）、虚倒（ムナタオシ→コダオレ）等に違いが見られ、漢字の異なる技として（引落→曳落）がありました。

　技のかけ方の違いもあります。「起倒流の形」の"體"は、最後に受の頭部に手をかけて投げ落とすといった荒々しい実戦的な技でした。一方「古式の形」の"体"は、受が取を後腰に引き付けて投げる際に、「右手は受の左胸の上部に当て、左手を当てた処を支点として右手で受の体を受の後ろに

おし倒す」という技です。「起倒流の形」は戦場での殺傷術であり、一方「古式の形」は安全への配慮がなされたのです。

「形」の順番では、技の内容の入れ替えが見られます。「起倒流の形」の7番・虚倒（ムナタオシ）は、「古式の形」の8番・打砕（うちくだき）に相当します。また、「起倒流の形」の8番・打砕（ウチクタキ）は、「古式の形」7番・虚倒（こだおれ）の内容でした。嘉納師範は技の順番を変えて、美的情操も高める工夫をしたと言えます（資料5）。

順番	起倒流の形 技名		古式の形 技名
2	夢中（ムチフ）	→	夢中（ゆめのうち）
5	水流（ミツナカレ）	→	水流（みずながれ）
6	引落（ヒキオトシ）	→	曳落（ひきおとし）
7	虚倒（ムナタオシ）	✕	虚倒（こだおれ）
8	打砕（ウチクタキ）		打砕（うちくだき）

資料5　「起倒流の形」と「古式の形」の違い

(3) 乱稽古の出現

　起倒流は21本の「形」中心の稽古でしたが、やがて新たな稽古法として「請立の残る」が生まれます。18世紀中頃に書かれた『燈下問答』[11]を見てみましょう。

「十四行ノ修行ニ、請立ノ残ルト残ラヌト云ウ事アリ。残ラヌ道アリ哉。」という質問に対し、答えは次のようなものでした。「請立の残る」とは、「形」を行っている際に取の技が利かない時は受は倒れず、逆に受が返すという形態を言います。お互いに本体の姿勢や崩しが出来ているかを確認し合う所作でした。

　それでは、「請立の残る」からどのように乱取に変化したのでしょうか。

後に講道館柔道を創始する嘉納師範は、飯久保恒年に起倒流柔術を学びますが、飯久保の師匠には竹中鉄之助がいました。竹中は、幕末の『起倒流組討心持目録』の中で次のように書いています。

「乱稽古ノトキ浮木ノゴトク身ヲツカフベシ。敵ニ向ヒ胸騒キスル事アリ。ヨク心ヲ沈メ緩ト息ヲツキ取アツムベシ。組時息ヲ込勝テ後込タル息ヲツクヨリ早ク残身ヲシ後ヲ詰ル事、肝要ナリ。」12)

竹中は「乱稽古」という用語を使いました。乱稽古では水に浮く木のように身体を使い、組む時は息を吸い投げる時は息を吐き、次に備えた残身も大切である、と書かれています。「乱稽古」は、「請立の残る」よりは真剣な攻防であったと言えます。

5、柔道の名を使った直信流柔道

(1) 直信流柔道の起こり

わが国で最初に「柔道」と呼ばれた流派は、島根の松江藩で生まれた直信流柔道です。流祖は「起倒流組討」の初代・寺田正重（1617～74）です。正重は、父の定安から学んだ貞心流和術を工夫して直信流を創始します。よって、起倒流と直信流とは深い関係がありました。ただし、最初は「柔術」の名称が使われており、享保9（1724）年、第4代・井上正順の時に「柔道」という名称に変わりました。この頃、享保の改革を行った将軍徳川吉宗（在任期間1716～45）が現れましたが、元禄文化の影響もあって武士は釣りや花見にふけり武芸稽古を怠ります。また、幕府はトラブルの原因になることを恐れて他流試合を禁止したので、切磋琢磨の機会が失われて「形」の約束稽古は廃れました。そこで井上は、直信流の道徳面を充実させようと「柔道」にしたのです注1)。直信流の系譜は次の通りです。

寺田平左衛門定安（貞心流和術の祖）―初代寺田勘右衛門満英（直信流の

祖）―2代寺田平左衛門定次―3代井上九郎右衛門正永―4代井上治部大夫正順―5代井上九郎右衛門充克―6代雨森次右衛門行清―7代加藤気堂正昌―8代石原佐伝次中和―9代梶川純太夫淡水―10代石原中従―11代堤重正―12代井上正敬―13代松下栄道―14代大賀美隆利

(2) 直信流柔道の技法

　直信流の技は表業35本、鎧業(あいわざ)30本、裏技32本がありました。内訳は次の通りです。

> 表業35本（発端所作、先所作、小具足、居相、太相など）
> 鎧業30本（格業、楯相、迅転、試剣、剣撲など）
> 裏業32本（乱所作、変趣所作、小乱、居相、太刀相など）

　直信流の技は横に捨てる技や背負って投げる投技に優れたものがありました。起倒流の背負って投げる技（雪折）は背後から攻撃された際に施す技であったのに対し、直信流の背負って投げる技はお互いが向き合った状態から施す技であり、現在の背負投に近いものでした。裏業における「乱所作」は、五種の投技と五種の廻(まわり)があり乱取らしき形態が存在します。また居相や太刀相もあり刀剣技もありました。井上正順は『直信流柔道中央書』[13]の中で、「組討、刀剣を二行に立て勉めるは当流也。組討、刀剣は鳥の両翼の如くすべし。」と述べ、組討と刀剣の両方を身に付けるように説いたのです。
　直信流の「柔道」の意味については『直信流柔道中央書』に次のように書かれています。直信流は組むことに偏せず剣技に偏せずの精神がありました。そこで、「中央は至極の半ば道理に当たり、亦此の中央を柔道という」と書かれています。つまり、組討と剣技の両方が備わり自在な力を発揮するのであり、両方を学ぶことを柔道と言ったのです。また、人は生まれながらの心

(性) があり「其性の中に寛柔温和の徳自然と所有す。これに随うを柔道という」と書かれ、寛大で温和な徳に従って生きることも柔道とされたのです。柔術は武士のたしなみとして武芸十八般の中に含まれましたが、戦乱のない平和な時代が続くうちに、実用術としての柔術の意味は薄れ精神修養的な側面に重点が移っていったのです。

6、幕末期最後の流派・天神真楊流柔術

(1) 天神真楊流の起こり

　流祖は、幕末の旗本であった磯又右衛門正足(いそまたうえもんまさたり)であり、文化元年（1804）の生まれです。『天神真楊流柔術大意録』[14)]によると、磯は三重県松阪の紀州藩士の家に生まれ幼少から武術を好み、15歳の時に江戸に出て楊心流と真之神道流柔術を修め、その後、武者修行に出ます。そして、滋賀県草津に滞在し柔術を教えていた時に事件がありました。

「磯は門弟の西村と百余人を相手に戦った時に、修行中の技を使って人を助けました。この時に相手の急所を突く当身技を開発します。柔術は戦場では組討を、治世では当身が必要であることは諸流の師匠も知っているところですが、真の当を修行するには至っていません。磯は当身技を修行しないと勝利できないことを悟ります。また『柔よく剛を制す』という本当の意味は何かを考えて、一流を立てました。（一部意訳）」

　この伝書によると、磯正足は百余人と戦った時に当身技を身に付けていないと戦うことが出来ないことを悟ります。また、「柔よく剛を制す」というのは一人で数人と戦って勝つという意味であり、その際の技は当身技がふさわしいことを発見したのです。天神の名称は、磯が京都の北野天神（天満宮）祈願によって新しい技を開眼したことにより付けられ、また真之神道流と楊心流の先生への義理に背かないためにも、両流派名を残し、天神真楊流

柔術と名付けられたのです。

(2) 天神真楊流の技法

　幕末期、国内は外国船が来航して以来、開国派と攘夷派に分かれて騒然としましたが、鎧を着用する戦はなく、天神真楊流は普段着で戦える護身術として人気がありました。離れた位置から突く当身技や関節技に優れており、稽古は危険な為に「形」が中心でした。124本の「形」の内容は次の通りです。

・手解12手　・初段居捕10手　・初段立合10手　・中段居捕14手
・中段立合14手　・投捨20手　・試合裏24手　・極意上段立合10手
・上段居捕10手

　磯正足は「形」を教える際に「手解(てほどき)」から教えました。「手解」とは、刀を抜こうとした際につかまれた手を外し反撃を加える技です。「手解」12手は、真之神道流の「手解」7手に自ら工夫した5手を加えたものです。また、初段居捕(いどり)と立合(たちあい)は楊心流と真之神道流から取捨選択し、中段居捕と立合は真之神道流を元に作ったのです。

　「形」を修行する際の心構えは、「稽古に臨んで相手は敵と思い、位をしっかりとり、稽古前でも挙動中でも残心を取る際にも気を丹田に納めて、敵は死物の如くなりとも活物なりと思い修行する時は、活物の稽古となる。(一部意訳)」[15]と書かれています。つまり基本の姿勢を保ち、相手を敵と思い真剣な気持ちで行えば「形」は実戦に役立つとの考えでした。丹田とは臍下丹田とも言い、臍下約3寸の所に重心を持って相手と正対すれば、勝負に際して相手との間合いがわかり自在に対処できるとされました。天神真楊流は、機(チャンス)を見極めるとともに自らの胆力も必要であったといえます

資料6　天神真楊流の当身技（「柔術極意教習図解」より）

（資料6）。

　ところで、当身や関節技の稽古が中心のために骨折や脱臼などの怪我が多く、また気絶した人に人口呼吸術（活法）を施す必要もありました。天神真楊流の源流は、長崎の医師であった秋山義時が中国に渡り武術と医術を学んで創った楊心流から生まれた流派です。そのため、中国医術の理論を導入した接骨術や活法が必須の科目となります。江戸神田お玉ヶ池の道場には5千人の門人がおり、明治時代に入ってからも東京府下で道場を開き接骨の治療をした人には、市川大八（本郷）、井上敬太郎（下谷区）、福田八之助（日本橋）、高木芳雄（芝区）、戸澤正行（浅草区）、宮本富之助（神田区）等がいたのです。

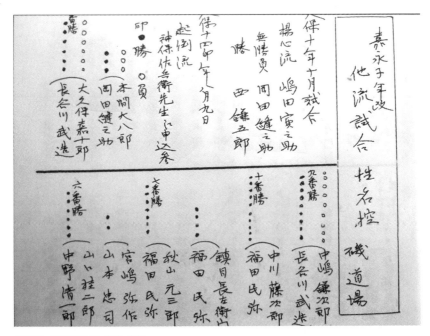

資料7　他流試合 性（姓）名控

(3) 乱捕、試合の出現

　江戸後期になると、剣術では面・籠手・胴などの道具と竹刀を使った「しない打込み稽古」が盛んになり、町人や商人も加わります。これに刺激を受け、天神真楊流も乱捕が出現します。大外刈の他に小手返しなどの投技が行われ、ハダカ〆や突込などの絞技、腕ひしぎ等が行われました。また柔術試合も登場し、『嘉永子年改　他流試合性名控　磯道場』[16]には天保10年（1839）から慶応元年（1865）までの他流試合の結果が残されています。磯道場とは天神真楊流の道場です。他流試合では、絞技（突込、送り衿）や関節技（腕ひしぎ、小手ひしぎ）、投技（捨身）で勝負が決まっていますが、当身技は見当たりません。柔術の試合は、松平定信の「寛政の改革」（1787

資料8　背逐投の図（「柔術極意教習図解」より）

〜93)を契機に武芸師範の人材登用をする手段として生まれましたが、生死を分ける当身技は省かれたといえます（資料7）。

　幕末の慶応3（1867）年、天神真楊流における「磯又右衛門殿道場稽古着之方式」には次のような記載がありました。

　　　初心　　浅黄地、白色にて十の字ざし
　　　目録　　白地、紺糸にて十の字ざし、えり浅黄
　　　免許　　白地、紺糸にて十の字ざし、えり白地

　初心者と目録、免許の違いは、稽古着の色と字ざしの色で区別があったことがうかがえます。乱捕における背逐投を見ると、背負っている者は白地に紺の字ざしの目録であり、背負われている者は浅黄地に白色の字ざしの初心者といえます。背逐投は、背負う際に相手の掌を上にして肘関節にダメー

ジを与えて投げるといった捕縛(ほばく)の性格が強く、現在の背負投と比べると危険な技であったのです（資料8）。

7、まとめ

　柔術は、小刀や当身、関節技、投技などの様々な攻撃に対して自分の命を守る方法として作られました。江戸初期の稽古は「形」が中心で、技の所作だけでなく相手との間合いや機（チャンス）の捉え方、丹田に気を納めることなどを学びました。やがて、「形」稽古は決められた内容で行われるので約束稽古に陥り、双方ともに真剣さが失われます。そこで、江戸後期には「形」を補完する稽古法として乱捕が生まれたのです。

　明治10（1877）年、嘉納師範は身体虚弱を克服する為に天神真楊流柔術の福田八之助に入門します。福田師匠には「形」を習い、また乱捕では隅返(すみがえし)でしばしば投げられたといいます。嘉納師範は「どのようにして今の技は掛けるのですか」と質問しますが、福田師匠は「お前さん方が聞いてもわかるものではない。どんどん投げられて覚えるのだ」と言って投げ続け、体で覚えさせる方法でした。また、稽古着は上着も下穿も短い短袖短袴であり、嘉納師範の肘や膝は擦りむけて膏薬が欠かせませんでした。

　このように、柔術は護身術として価値はありましたが幾つかの問題があったのです。技の原理が無く技の説明が不十分であったこと、流派によって「形」の内容が違ったこと、当身や関節技などの危険な技が多かったこと、稽古着が短袖短袴で怪我が絶えなかったこと等でした。嘉納師範は柔術のこうした欠点を改良して講道館柔道を創始するのです。

引用文献

1）嘉納治五郎、「柔道一班幷ニ其教育上ノ価値」1889年、渡辺一郎編『史料明治武道史』、

p81、1971
2) 日夏弥助繁高、『本朝武藝小傳巻之九』1716、(『武術叢書』、p83、1915)
3) 伊沢蟠竜、『武士訓』1715、渡辺一郎編、「月刊武道」4月号、日本武道館、p72、1979
4) 関口柔心、「柔新心流自序」『新心流柔伝書巻之1』1631
5) 関口八郎左衛門氏成、「関口流柔誘引書」1840、(入江康平編『柔術関係史料』下巻、筑波大学武道論研究室、1992)
6) 『南紀徳川史巻之六十一　武術伝第三』堀内信、南紀徳川史刊行会、p67、1994
7) 柳生十兵衛三厳、『月の抄』「起倒流乱目録」1637
8) 茨木又左衛門尉俊房、「起倒流乱授業目録」1642、佐賀県立図書館蔵
9) 吉田奥之丞、『起倒流柔術　全』1836、保科素氏蔵
10) 源義信、「本体」1745、(老松信一編『日本武道大系』第六巻、同朋社出版、p372、1982)
11) 寺田正浄、「燈下問答」1764、渡辺一郎編『武道伝書集英』第3集、p36、1981
12) 竹中鉄之助、「起倒流組討心持目録」1858
13) 井上正順、「直信流柔道中央書」1729
14) 寺崎某、「天神真楊流柔術大意録」『日本武道大系第六巻』同朋社出版、p453、1982
15) 井口松之助、「柔術極意教習図解」青木嵩山堂、p23、1893
16) 嘉永子年改、他流試合性名控、磯道場、渡辺一郎先生自筆「近世武術史研究資料」p319-346

注

注1) 藤堂良明、『柔道その歴史と技法』(日本武道館、p53-61、2014)を参考にしていただきたい。

第二章　柔道の創始と普及

藤堂良明

　江戸時代末の万延元(まんえん)（1860）年10月、嘉納治五郎（以下・嘉納師範）は兵庫県御影村(みかげむら)に生まれました。子供の頃から勉強はよくできましたが、身体が小さく肉体的に風下に立たされることが多く、心身を鍛えたくて柔術を志します。柔術の心身への効果を知った嘉納師範は、多くの人にその良さを知らせたくて明治15（1882）年に講道館柔道を創始します。その後も安全に行える乱取を工夫し、講道館の諸行事を整え、警視庁武術大会に参加して柔術の猛者に勝負を挑みます。また、学校に柔道を普及しつつ柔道思想の浸透も図りました。本章では、まず嘉納師範が柔道を創始するに至った経緯を探ります。次に講道館の基礎固めを見て、最後に師範の柔道普及戦略について探ろうと思います。

1、講道館柔道の創始

(1) 嘉納師範と柔術修行

　嘉納師範は嘉納次郎作希芝(じろさくまれしば)の三男二女の末っ子として生まれました。父は江戸と大坂・神戸間の定期航路を開き、貨客や物資を輸送する仕事をしており、御影に帰ることが少なく母に育てられます。母は普段から「人として生まれてきた以上、他人の為に尽くすことはあたり前」と教えました。母の

"人の為に尽くす"という教えは、嘉納師範の心に深く刻まれ、後に「自他共栄」の発表にもつながっていきます。その愛おしい母も10歳の時に亡くなり、明治3（1870）年に父に迎えられて上京します。

　世の中は古い秩序が壊され明治新政府が作られ、江戸は東京と改められました。父は、これからは武士の世ではなく学問を身に付けることが大切だと諭します。明治6（1873）年、嘉納師範は芝の烏森町にある外人教師を中心とする育英義塾に入塾します。全ての学科を外国語で教え、親元を離れて寄宿生活をする塾です。勉強嫌いな先輩もおり、身体が小さく勉強のできる嘉納師範はいじめられました。当時の様子を次のように述べています。

「学科の上では他人におくれをとるようなことはなかったけれども、当時少年の間ではとかく強いものが跋扈して、弱い者はつねにその風下に立たなければならない勢いであったので、これには残念ながらつねにおくれをとった。～中略～、きわめて虚弱なからだであって、肉体的にはたいていの人に劣っていた。それゆえ、往々他から軽んぜられた。幼少の時から、日本に柔術というものがあり、それはたとえ非力なものでも大力に勝てる方法であると聞いていたので、ぜひこの柔術を学ぼうと考えた。」[1)]

　勉強はできたがいじめられた嘉納師範は、強くなりたくて柔術を学ぼうとしたのです。また、体格にも恵まれなかったので（成人時でも158センチ、58キロ）、生来の負けん気から柔術を志します。そこで、蛎殻町の父の家に出入りしている元旗本である中井梅成や、別荘の番人である片桐柳司などに柔術稽古を願い出ました。しかし、両人から文明開化の時代に柔術を学ぶ必要はないと言われ、学ぶ機会が得られませんでした。明治8（1875）年には官立開成学校に入学します。学問が重んじられる一方で、諸藩から選ばれた者が多く腕力が幅を利かせ、柔術稽古の希望がさらに強くなりました。

　明治10年、東京大学文学部に編入します。日本一のエリート学校です。しかし、強くなりたい気持ちは増すばかりで、自ら東京中を探し回り日本橋

資料1　嘉納治五郎師範（1860〜1938）

大工町にあった福田八之助という天神真楊流柔術の師範を見つけます。福田の道場では、毎日稽古するのは嘉納師範と青木だけであり、時々来るのは四、五名でした。49歳の福田から「形」を習い、青木とは乱取も行いました。福田の教え方は、「投げられているうちに出来るようになる」と投げ飛ばすだけで、技の原理を説明することなく"体で覚えさせる"というものでした。そこで、師範は柔道人形を使って身体の構造や相手を崩す方法を研究したのです（資料1）。

(2) 講道館柔道の創始

　明治12年、福田師匠が52歳で急逝します。福田の未亡人から嘉納師範は道場を任されましたが、「まだ自分は道場を預かるほど一本立ちはしていない。もっと心身を鍛えてこそ、一本立ちしてやり抜く自信がつく」と思い、

福田の師匠である磯正智につき稽古を始めます。磯には「形」をしっかり学びました。磯道場では代師範を任され、最初「天神真楊流の形」を行い最後に「形」を補完する乱取を行いました。同14年に磯も亡くなり、さらに師匠を求めて起倒流柔術の名人・飯久保恒年に出会います。飯久保は50歳を超えていましたが「形」と乱取を学び、乱取中に相手の姿勢を崩して技を掛ける原理に気が付きました。

　天神真楊流は大外刈や巴投はありましたが、相手の急所を当てる当身や関節技が中心でした。一方、起倒流は腰技や横捨身などの投技に優れたものがありました。種類の違う柔術を学んだことが嘉納師範の柔術の幅を広げたのです。柔術の稽古を続けていくと、身体が強くなっただけでなく、落着きと自制的精神が強くなったと感じます。また柔術の勝負の理屈が、「幾多の社会の他の事柄に応用の出来るものであるのを感じた。更に、勝負の練習に付随する智的練習は、何事にも応用し得る一種の貴重なる智力の練習になる。」[2]と述べ、柔術の稽古が社会の事柄に応用できるとともに智力を養えると確信したのです。

　当時の日本は、明治4（1871）年に政府は廃藩置県や散髪脱刀令を公布し、武士の特権は失われ武術は廃れました。それ故、武術家は生活に困り、有名な剣客・榊原鍵吉は撃剣試合を興行して木戸銭を集めて生活の資となし、ある柔術家は相撲取りと取り組み木戸銭を集めたという時代でした。こういう世の中であったから、柔術を教えようとしても多くの人は顧みることはしない。そこで、これまでの柔術とは別の名前をもって行う方がよいと考えたのです。

　嘉納師範は東京大学文学部政治学及び理財学を卒業すると、哲学選科に1年間在学して哲学と道徳を学びます。同時に、学習院大学に就職して政治学と理済学を教えます。初任給をもらったので、下谷北稲荷町にある永昌寺に居を移し、親類や知人から預かった書生を附属室におき、寺の本堂脇に12

畳の道場を作ります。そして、「根本とする道があって、術はむしろその応用である」[3]ということで、柔術の名称を柔道としました。もう一つ、柔道を講じる教育所ということで講道館と呼びました。こうして、明治15 (1882) 年5月に講道館柔道を創始したのです。弱冠22歳の時でした。

　ところで、講道館柔道の看板を掲げても外部からの入門者はほとんど来ません。当時は、文明開化の時代であって柔術が廃れており、まだ世に名もない若年の文学士の所に柔術・柔道を学びに来ないのは当然でした。嘉納師範は初めの頃いろいろと気を使いました。稽古時間を限定すると通ってくる人に都合が悪く来てくれない。そこで、平日は午後3時から7時頃までとし、日曜日は午前7時から正午までいつ来てもよいように便宜を図りました。柔道衣は来た人に貸し与え、汗で汚れたら自ら洗濯して使わせたのです。

2、講道館の基礎固め

(1) 諸行事の整備

　嘉納師範は講道館柔道を創始すると諸行事の整備に取りかかります。明治17 (1884) 年、入門者が誓約しなければならないものとして「五箇条の誓文」を作成します。

五箇条の誓文

　　第一条　　此度御門ニハイリ柔道ノ御教授相願候上ハミダリニ授業中止
　　　　　　　仕間敷候事
　　第二条　　御道場ノ面目ヲ汚シ候様ノ事一切仕間敷候事
　　第三条　　御許可ナクシテ秘事ヲ多言シ或ハ他見為仕間敷候事
　　第四条　　御許可ナク柔道ノ教授仕間敷候事
　　第五条　　修業中諸規則ヲ相守可申ハ勿論御免許後ト雖モ、教導ニ従事

仕候トキハ必ス御成規ニ相背キ申間敷事

　明治15年に署名した人は、富田常次郎、樋口誠康、有馬純文、中島玉吉、松岡寅男磨、有馬純臣、西郷四郎、尼野源二郎、川合慶次郎の9名でした。「五箇条の誓文」の背景には、江戸時代に入門や目録の際に師匠に差し出す「柔術誓詞」がありました。「柔術誓詞」では、他流の稽古を見聞してはいけないとか免許のない者は他流試合をしてはいけない、等の厳格な規則が書かれていました。講道館の「誓文」でも、途中で稽古を中止しないことや許可なく柔道教授をしてはいけない等を厳しく説きました。

　やがて、修行者は乱取に励み勝負も試みたいと思うようになります。当初、嘉納師範は時を決めずに試合を行いましたが、やがて月次勝負と紅白勝負を同17年頃から始めます。月次勝負とは、「月に一回、或る日曜日を選んで勝負を行なう。まづ最も下位の者と其次位の者との試合に始まり、順次勝ちぬいて上位に及ばしめる。」[4)]と述べ、紅白勝負は「あらかじめ組を紅白にわかちて試合をさせ、〜中略〜、これらの試合は、皆奨励の目的で行ったものだ。」と述べています。時を定めて月次や紅白勝負を実施したのです。

　一年の始めに行う行事として鏡開式（かがみびらきしき）も開催します。講道館は当初、人に教える際に金銭を徴するものでないという考えから道場費をとらず、入門時に扇子一対を持参する定めでした。正月には鏡餅を持参させ、毎年第2日曜日に鏡開式を行うことにします。鏡開式では師範から講話があり、次いで前年に最も進歩を顕わした者に「形」又は乱取を行わせて名誉を表彰します。最後は鏡餅をもとに汁粉（しるこ）を作って参会者に振る舞いました。

　寒稽古も同17年頃から始められた行事です。もっとも、江戸時代から寒稽古は存在しており『江戸府内絵本風俗往来』によると、寒の入となると剣術や柔術はもちろん遊芸でも寒稽古が行われていたとされます。ところで維新後途絶えていたのを、講道館が再興し寒30日間、午前5時から7時まで

出席することを奨励しました。嘉納師範はその意義を、「寒暑に屈せず、苦痛を忍び、労働に堪ふるが如き力を有することは、成功に必要なる条件なり。」[5)]と述べ、寒暑に屈せず苦痛を忍ぶ精神は成功に必要な条件だとして皆出席を説いたのです。

(2) 嘉納師範の乱取開発

　嘉納師範が学んだ天神真楊流と起倒流柔術は比較的乱取が行われた流派でした。起倒流柔術は江戸後期に、「形」を行う際に取形(とりかた)（技を掛ける人）の技が利かない時は請立(うけたち)は倒れず逆に返すという「請立の残る」が生まれます。後に嘉納師範は、「昔は柔術の練習は形のみによったものであったが、維新の少し前から残り合いというのが行われ、それが発達して乱取が出来たのである。」と述べています。この「残り合い」とは「請立の残る」を意味し、「請立の残る」が発展して乱取が生まれたのです。

　また、嘉納師範は「古流各派のうちでも起倒流は、最も乱取に長じていたが、この流だけは自然体の組み方をしていた。」と述べています。この流とは、東京で行われた起倒流竹中派のことであり自然体で組みました。一方、岡山に伝わった起倒流野田派は、一方の手を相手の脇下に差し入れて組む自護体(じごたい)の組み方でした。自護体では技が自由に出せません。そこで明治19年頃、嘉納師範は上着を肘が隠れる位に長くして相手の襟と袖を持つ自然体の組み方にしました。こうして、相手の姿勢を崩して背負投や体落(たいおとし)などの手技を掛けられるようにしたのです。天神真楊流柔術も乱捕が行われ、乱捕技として「スクイ足」「足掃(あしはらい)」「掃腰」「腰投」「胴〆(どうしめ)」「ハダカ〆」「背逐投(せちくなげ)」「〆込ミ」等の技がありました[6)]。

　講道館初期、嘉納師範は柔術の「形」を行った後で乱取を指導しました。しかし近代化が叫ばれるご時世、これまでの乱取では普及が覚束(おぼつか)なくなります。そこで、怪我をせずに攻撃と防御が存分にできるように、まず稽古着の

資料2　講道館初期の稽古風景（講道館蔵）

袖を長くし、同41年には下履も膝下3寸の長さにしていくのです（資料2）。
　嘉納師範は基本姿勢として、起倒流柔術の"本体"に基づく「自然本体」「右（左）自然体」を教えます。この自然体の姿勢から、相手を崩して技を掛けると"仰向けに倒す"ことが可能となり、また「ハズミまたは勢いをもって倒す」ことを「一本」とします。さらに、相手を仰向けに抑え込む抑おさえ込こみ技わざを新たに作り、互いに向かい合っての攻防も可能にしました。こうして運動量を確保し体育としての柔道が見直されていくのです。

(3) 警視庁武術大会の勝利
　講道館初期の頃の稽古は、「天神真楊流の巴投、起倒流の横捨身技の合理的研究と、その採用は当然のことであるが、戸塚派の大外刈、足掃が用いられたこと、浮腰、払腰、釣込腰の連絡技が、当時すでに相当の威力を持って

いた」[7]と書かれ、天神真楊流や起倒流だけでなく柔術諸流の技も取り入れられていました。

　しかし、柔道の実力を世の中に知ってもらうまでには少し時間がかかりました。警視庁は西南の役で抜刀隊が活躍したのをきっかけに、訓練内容に撃剣を加え柔術も明治16年から採用します。また、武術大会を開催して撃剣や柔術を奨励するとともに、技能優秀者を警視庁に採用しようとしました。そのため、"文学士の始めた柔道"として注目され始めた講道館にも招待状が届きます。

　同18年5月、警視総監・大迫貞清が第一回警視庁武術大会を開催し、第二回以降は三島通庸が大々的に大会を催します。同19年の大会において、講道館の弱冠20歳で153センチ53キロの西郷四郎が、171センチ83キロの楊心流柔術・照島太郎を得意の山嵐で投げ飛ばしました。このことは講道館柔道を世間に広める第一歩となります。同21年頃になり講道館の名声が知れるにつれて、警視庁の大勝負では楊心流柔術戸塚門と講道館との対戦が注目され出します。

「二十一年頃の或試合に、戸塚門下も十四、五名、講道館からも十四・五人各選手を出したと思う。其時、四・五人は他と組んだが、十人程は戸塚門と組んだ。戸塚の方では、わざしの照島太郎や西村定助という豪のものなどが居ったが、照島と山下義韶とが組み、西村と佐藤法賢とが組合った。〜中略〜、此勝負に、実に不思議なことには、二・三引分があったのみで、他は悉く講道館の勝となった。」[8]

　講道館門下が楊心流戸塚門下に圧勝したのです。この試合で用いられた技は足払、小内刈、膝車、大内刈、返し技という足技が多く、講道館門下が研究した小技が楊心流の大外刈や寝技を圧倒したのです。この大会後に警視庁から講道館へ先生の要請があり、山下義韶と横山作次郎が先生となります。こうして警察関係に柔道が普及するのです。

第二章　柔道の創始と普及

(4) 段位制度の整備

　江戸時代の柔術にも、入門後に切紙、目録、免許、皆伝の三～四の位階はありましたが、嘉納師範は階級を多くして昇級・昇段が早く出来るように工夫します。

「修行者を有段者無段者に大別し、無段者はこれを甲乙兵の三段階に分け、有段者は初段より二段三段と上に進み、六段に達すれば、乱捕および形の修行に熟達した者とみなして、それらの事を指南することを許可し、十段に至れば、乱捕および形はもちろん、柔道の精神的訓練にも通達して、柔道全般に対して師範たる資格を与える。」9)

　このように柔術時代より多くの階級を設けます。初段から順次昇段して六段になれば指南でき、さらに修行を続けて十段つまり技術と精神の両面を体得した師範に至るようにしました。最初の初段は、明治16年の富田常次郎と西郷四郎であり、同31年に山下義韶と横山作次郎の六段が最高であったように徐々に整えられ、十段の最初は昭和10年に逝去した山下への追授でした。こうした経緯からすると、段位制度が整えられた背景には、修行者への動機づけのみならず、館員数の増加に応じてより高い頂点を設けて、組織の安定化を図る目的があったといえます。

　嘉納師範は明治42年に講道館を財団法人化し、大正11（1922）年以降は全国に有段者会という支部を組織して、段の推薦権と組織の安定を図ります。段級に関する規則は、明治41年の「三段以下昇段及無段者昇級資格審査規則」の制定、大正9年の「講道館段級規定」の制定を経て、段は初段から十段まで、級は五級から一級までとなりました。帯の色は、初心者・水色、少年組一、二級、三級は紫色、成年組一、二、三級は茶褐色、有段者は黒色の帯としました。黒帯は富士見町時代に生まれ、修行者の憧れの的となります。昭和5年の改訂で六段から九段までは紅白の段だら、10段は紅色となりました（資料3）。

資料3　段証書の文面（右から三段以下、四・五段、六・七・八段）

　柔道は明治10年代に段を採用し、剣道は七級から一級に昇級する格付けがなされました。そのため、同28年に京都に創設された大日本武徳会では、最初は柔道では段と級を剣道は級を用いる二本立ての体制が続きました。しかし、大正15年には段級制度の全面改正が行われ、初段から十段までと一級から五級までとなり、段位認定は柔・剣道は形20点、試合50点、筆頭30点で100点満点中60点以上が及第とされたのです。

　嘉納師範は講道館を創設すると月次や紅白勝負を設け、やがて稽古衣を長くして安全に「一本」を取り合う乱取を編み出します。また寒稽古等も復活して在来の武術を近代教育に見合うように合理的な方法を確立し、講道館の基礎固めを行ったのです。

3、嘉納師範の柔道普及戦略

(1) 学校柔道の普及

　嘉納師範は講道館の基礎固めをすると、学校に柔道を普及しつつ柔道技術の指導法を整え、国民に柔道思想も伝えていきます。こうした師範の柔道普及戦略を探ります。

　明治新政府は、明治4（1871）年に廃藩置県や散髪脱刀令などを公布したため、武士の特権は失われて武術は廃れます。翌5年、教育の四民平等を狙いとして「学制」が交付され、小学校に体育は導入されましたが内容は整っていませんでした。そこで政府は、同11年に体操伝習所を設けてアメリカからリーランド（1850〜1924）を招きます。リーランドが創案したのが「普通体操」という徒手や手具体操であり、医学的見地から普通体操が学校体育に採用されました。

　やがて、わが国の武術を学校体育に取り入れたいとする主張が現れ、同16年に文部省は体操伝習所に対し撃剣や柔術の教育に与える利害適否を調査させます。翌年、体操伝習所は撃剣・柔術の良い点として「身体の発育を助け」「精神を壮快にする」などを挙げ、「害となる点」として「害の1、身体の発育を失わん」「害の2、実習の際多少の危険あり」などと回答しました。

　文部省はその結果、

一、学校正課として採用することは不適当なり。
二、慣習上行はれ易き所あるを以て、彼の正課の体操を怠り専ら心育にのみ偏するが如き所に之れを施さば其利を収むることを得べし。

と述べ、武術は学校正課に採用されませんでした。

嘉納師範は、この伝習所答申がなされて5年後に「柔道一班幷ニ其教育上ノ価値」と題する講演を行います。この会には文部大臣の榎本武揚ら多数が出席しました。まず嘉納師範は、柔道の目的は「體育勝負修心の三つの目的を有って居りまして、之を修行致しますれば體育も出来勝負の方法の練習もでき、一種の智育徳育も出来る都合になって居ります。」10)と述べ、柔道の目的には体育と勝負と修心の三つがあると講じます。そして、柔道体育法の目的は「筋肉を適当に発達させること、體身を壮健にすること、力を強うすること、身體四肢の働きを自在にすること。」11)と述べ、乱取によって強・健・用がなせると主張します。柔道勝負法は自分の身を守る武術を指しました。柔道修心法では、「徳性を涵養する」「智力を練る」「柔道勝負の原理を世の百班に応用する」の三つを挙げ、柔道による精神修養を説きました。こうした柔道を、学校体育に導入すれば智・徳・体の備わった青少年を育成できると強く訴えたのです。

　嘉納師範の講演録は、体操伝習所の「害となる点」として挙げられた条件を、クリアーする形で構成されています。例えば、柔道体育法で身体の筋肉の発達を促すといった説明は「害の1」に、危険を省いたという説明は「害の2」の改善内容と見ることができるのです。こうして、師範は学校体育に柔道を導入させようとしたのです。

　その後も、嘉納師範は自ら赴任した学校に柔道を採用します。『学習院柔道百二十年史』12)によると、明治15年に学習院大学に就職すると天神真楊流の井上敬太郎を嘱託教師に任命し、さらに本院卒の有馬純文、有馬純臣、体育教師の松岡寅男磨らの協力を得て、柔道が中学以上の希望者を対象に正課外で始められます。さらに谷干城院長の信頼を得て、同17年から柔道を正課（選択）にして同21年から正課とします。文部省の撃剣及び柔道の学校正課採用の告示前に、自ら柔道を正課に取り入れたのです。同22年、嘉納師範は第四代院長の三浦梧楼と意見が合わず欧州へ教育視察に出されまし

た。

　帰国後の24年、第五高等中学校長（熊本大学）として熊本へ行きます。学校では柔道が課せられておらず、「生徒控所の堅い土間に畳を布き、自分みずから教授し、書生に手伝わせて、ようやく柔道教授を開始」[13]します。約1年半の熊本赴任の後、帰京した嘉納師範は地方の実情を痛感し、全国に道場の併設を呼びかけたのです。海軍兵学校からも明治20年に有地品之允校長から柔道科の設置が申し込まれます。嘉納師範はすぐに賛意を表し柔道科が設置され、講道館の佐藤法賢らが教師として赴任しました。

　こうした普及にもかかわらず、文部省は撃剣・柔道の学校正課の採用に難色を示しました。そこで、星野仙蔵ら剣道関係者を中心に正課採用の請願が国会に出されます。教員を養成する高等師範学校校長となった嘉納師範も、撃剣と柔道を授業に導入し、卒業生は中等学校の先生となり地方に戻って教えていきます。ついに明治44年、文部省は「撃剣及柔術」が生徒の心身鍛錬に効果があるとして「正課」に加えたのです。ただし選択でした[14]。武道が正課必修となるのは昭和6（1931）年のことです。

(2) 柔道技術の普及

　嘉納師範は、柔道勝負を決する方法を投(なげ)、当(あて)、固(かため)の3種類とします。投技と固技（抑込技、絞・関節技）を中心に乱取を作り、当身技は危険な為に「形」で行わせました。創設時、大外刈、巴投、横捨身技、足拂、浮腰、払腰などの技が使われていましたが、やがて、修行者が増えて乱取で使われる技も多様になります。明治28（1895）年、講道館はこうした技を効果的に学ぶことが出来るように「五教の技」を制定します。「五教の技」とは42本の投技を5段階に配列したものであり、第一教から第二教へと順を追い、習得しやすい技から困難な技に進むように並べられました。

　大正時代に入ると乱取で使用される投技に変化が生じます。そこで、高段

者の永岡秀一、三船久蔵らが中心となり討議し、嘉納師範の決定を得て大正9（1920）年に40本としました。旧「五教の技」から帯落、抱分、引込返、山嵐など8本が除かれ、新「五教の技」には大内刈、小外掛、跳巻込、掬投、大車、隅落の6本が加えられます。新「五教の技」を分類すると、手技（6本）、足技（14本）、腰技（9本）、真捨身技（3本）横捨身技（8本）から成り、固技は一つも無く如何に投技に重きを置いていたかが分かります。こうして柔道界は立技が優位となり、寝技を用いると「穢い」と罵倒されるようになり、大正10年頃までは立技一色の世界でした（資料4）。

第一教	出足払、膝車、支釣込足、浮腰、大外刈、大腰、大内刈、背負投
第二教	小外刈、小内刈、膝車、釣込腰、送足払、体落、払腰、内股
第三教	小外掛、釣腰、横落、足車、跳腰、払釣込足、巴投、肩車
第四教	隅返、谷落、跳巻込、掬投、移腰、大車、外巻込、浮落
第五教	大外車、浮技、横分、横車、後腰、裏投、隅落、横掛

資料4 新「五教の技」（大正9年）

遡ること明治28年、桓武天皇が京都に都を定めて武徳殿を建て武徳によって世を治めたことに倣い、平安奠都千百年を記念して京都に大日本武徳会が設立されます。武徳会は武道の演武の他に試合も行うようになり、武徳会として審判規程を定める必要に迫られます。そこで、武徳会は嘉納師範を委員長に任命して討議を加え、同32年「武徳会柔術試合審判規程」が制定されました。その翌年、嘉納師範はこの審判規程を講道館の目的にふさわしいように変えて「講道館柔道乱捕審判規程」13条を制定します。主なものを見てみましょう。

講道館柔道乱捕審判規程（抜粋）
○柔道の試合をなす時は、投業または固業をもって決せしむ。
○試合者の優劣は二回の勝負にて決す。ただし場合によりては一回にて決することを得。
○投業で、完全な一本とみなし難きも業として相当の価値ありと認める時、または固業で、ほとんど一本と認め得るべきを辛うじて逃れた時は、審判者は「業あり」と掛声し、その後一回または数回ある時は審判者の見込で「合せて一本」と掛声する。
○投業の一本の条件は相当のはずみ又は勢いをもって仰向（あおむけ）に倒れること。
○初段以下の者は投業七八分、固業二三分の割合、初段以上の者は投業六七歩、固業三四歩の割合にて修行するを適当とす。

これによると、柔道の試合は投技と固技を試みる機会を見るものでしたが、講道館では投技を主に固技を従と考えました。なお、技の評価は「一本」をもって勝負を決する点は当時も今も同じですが、注目すべきは「二本勝負」であり、「合せて一本」に見られるように既にポイント制が採用されていたことです。

(3) 高専大会と嘉納師範

大正時代に入ると、各大学は高等学校専門学校の大会（以下、高専大会）から中等学校までの大会を催し、高等学校専門学校は中等学校の大会を開催するようになります。大正3（1914）年、京都大学主催で第一回高専大会が開始されました。第一回大会は、四高（金沢）と六高（岡山）、七高（鹿児島の造士館）の三校のみであり四高が全勝しました。第三回大会は四高と六高が優勝を争うことになりました。

「六高大将河内斎君は、四高の三将を送襟でとり、副将を横四方固で固め、

大将駒井重次三段と引分になった。このことより高専大会に出場する学校は、寝技の研究をしていなくては優秀な試合成績を上げることが出来ないと思われるようになって、出場各校の寝技研究は積極的となったのである。」[15]

こうして四高と六高の試合ぶりが学生を寝技へと駆り立て、第三回大会以降に顕著となります。同9年の第七回大会は、四高、五高、六高、七高、大阪医大予科、大阪高商の6校に増えます。15人制で行われ、四高と七高との試合内容は次の通りです（資料5）。

四高		七高	四高		七高
1、星崎治名	引き分け	岩城信吾	11、鈴木清一	引き分り	久保栄三
2、江川正二	引き分け	松井恭介	12、里村楽三	○上四方固	中川 清
3、小野鶴太郎	○上四方固	平山武久	13、里村楽三	引き分け	笠井嘉蔵
4、小野鶴太郎	引き分け	内田嘉一	14、今田隆之進	引き分け	渡辺民三郎
5、柏原兵太郎	引き分け	松野鶴太郎	15、稲垣賢三郎	○棄権勝	白浜 浩
6、笹川長康	○横四方固	阿川幸寿	16、萩野長蔵		
7、笹川長康	引き分け	日置富士郎	17、中野信二		
8、木津圭蔵	引き分け	木村一八郎	18、大将、山口四郎		
9、河野庸雄	引き分け	松尾 楸			
10、小山長吾	引き分け	藤安米蔵			

資料5 第七回大会の試合内容（1920）

四高は大将・山口四郎二段以下、不戦3名を残して大勝します。試合結果は15試合中引分が11試合、その他は上四方固2試合、横四方固1試合、棄権勝1試合でした。決勝は四高が六高を下して第一回大会から七連覇を遂げました。第八回大会は五高が優勝しましたが、第九回大会からは六高が八年連続優勝します。

回を追うごとに、学生は母校の勝利の為に負けない柔道を求め、寝技への引き込みや相手と組まない引分戦法が採られます。この状況を重く見た嘉納

師範は、武徳会の幹部や講道館の高弟を交え、大正13年に「審判規程」の改正を検討します。その結果、寝勝負にいけるのは「(イ) 技が半分以上掛りたるも未だ一本とならず引続き寝技に転じて攻撃する場合 (ロ) 一方が技を掛けんとして倒れるか倒れかかりし場合」[16]と定め、投技の攻防からの流れであることが明記されました。また3回引き込むと反則負けとしました。

高専大会は、同15年の第十三回大会から全国を東部、中部、西部の3地区に分け、それぞれ予選会を催して京都で全国優勝校を決定するようになります。同年、嘉納師範は主催の帝大に対し、改正した「審判規程」を申し入れましたが断られ、この「規程」を採用したのは昭和2（1927）年からでした。

(4) 柔道思想の普及

柔道思想とは創始者・嘉納師範の生き方・考え方と言えます。初期の頃は、柔道の目的として「体育（身体の鍛錬）」「勝負（武術の習得）」「修心（精神の修養）」を発表しました。特に、師範は柔道による道徳・品格の向上を目指しており、「修心」の内容は克己や礼節などの徳目であり、青少年期に学んだ儒教の影響が強く表れています。

大正時代に入ると、日本は日清・日露の戦勝国として驕りが増し勤勉勤労の習慣が薄れます。こうした状況の中、大正3（1914）年には"柔道会"を設立し、雑誌の発行や講演会を催し、翌4年には柔道機関誌として『柔道』が発行されます。この中で嘉納師範は、始めは柔道の原理を「相手の力に順応しその力を利用して勝つ」という柔の理で説いていましたが、やがて、投技や絞める時は自分から技を仕掛け攻撃する場合もあるので「柔道は心身の力を最も有効に使用する道」という新原理に到達したことが書かれています[注1]。翌年には、柔道の定義と目的として「心身の力を最も有効に使用して」「己を完成し世を補益する」と定めました。つまり、柔道によって養っ

た心身の力を使って、世の中の為になることが説かれたのです。
　大正11年1月、嘉納師範は"柔道会"を改めて"講道館文化会"を創ります。第一次世界大戦後（1918）に欧米の商品がアジア市場に進出し、日本の貿易は振るわず失業者は増え、また米騒動が起こり首相の原敬が暗殺されました。さらに、国際連盟において日本は常任理事国として活躍しなければならない立場にありました。こうした世情を感じて"講道館文化会"を設立したのです。「綱領」は次の通りです。

「綱領」
1、精力の最善活用は自己完成の要訣なり
2、自己完成は他の完成を助くることに依って成就す
3、自他完成は人類共栄の基なり

　嘉納師範は心身の力を精力の二文字に詰め、精力を最も善く使用して自分を完成することを「精力善用」と呼びました。一方、社会は多くの人によって成り立っています。そこで、個人の栄を図るとともに他人の栄も図っていかなくてはなりません。これを「自他共栄」と唱えたのです。もし「精力善用」をそれぞれの人が主張すれば、必ず争いが起こります。そこでセットとして「自他共栄」を考え出しました。
　同年4月に行われた講道館文化会発会式で、「精力善用自他共栄」という柔道の目標が発表されました。「精力善用自他共栄」は柔道実技を行う際に生まれた精神と言えます。しかし、嘉納師範は道徳協会の会長も務め、宗教ではなく誰もが納得できる根本原理に基づいた道徳が必要と考えたのです。それは精力善用を目指しながらも、「自分の事のみを考えず、人の為をも考え、他人の為に尽しながら自分の為をも図ることを忘れぬという所に、融和も平和も生じてくる」[17]と述べ、自他が共に栄えるように心掛けることが

国際間の平和にまで繋がると説いたのです。

　嘉納師範は明治31（1898）年に"造士会"を設立し『国士』によって青少年の立身の仕方を示し、やがて"柔道会"を組織して『柔道』によって柔道精神の高揚に努めました。そして造士会、柔道会の統合体ともいうべき"講道館文化会"を結成し、柔道思想は「精力善用自他共栄」によって完成されたのです（資料6）。

年代	内容
明治22年	柔道の目的として「体育」「勝負」「修心」を発表
大正4年	柔道の定義と目的として「心身の力を最も有効に使用する道」「柔道修行によって己を完成し世を補益する」を発表
大正11年	柔道の最終目標として「精力善用自他共栄」を発表

資料6　柔道思想の展開

(5) 国民体育の創作

　嘉納師範は「精力善用」を言葉として発表するだけではなく、具体的な行動に移します。大正11（1922）年5月7日、文部省主催「第一回体育資料展覧会」が開かれました。沖縄の「唐手研究」代表であった冨名腰義珍（ふなこしぎちん）は、琉球唐手術を発表させてもらいたく、郷土の先輩である金城三郎に頼みます。金城は、大日本体育協会名誉会長として本会主催者であった嘉納師範へ斡旋（あっせん）を望み、唐手の演武が実現しました。しかし、東京女子師範学校（現・御茶水女子大学）での唐手の紹介は、冨名腰の満足のいくものでなかったので、再度、金城が嘉納師範に講道館での公開演武を懇願しました。

　5月17日、冨名腰と儀間真謹（沖縄出身・東京商科大学生）は、下富坂の講道館において沖縄唐手術の「形」と約束組手を行います。207畳敷の道場には、報道関係者など250名以上が入り超満員となります。当日は、冨名腰がクーシャンクの「形」を披露し、次いで儀間がナイハンチの「形」を

紹介しました。全ての演武が終了すると、嘉納師範や永岡秀一らが質問しそれに対して二人が答えました。終了後、嘉納師範は冨名腰に対して本土に留まり唐手術を普及してほしいと激励したのです。

　何故に嘉納師範が唐手（空手）に熱心であったかについては、大正時代に技の体系化を試み昭和2年に発表した「精力善用国民体育（形48本）」との関係があったと言えます。嘉納師範は大正11年に「精力善用自他共栄」を発表しましたが、この「精力善用」の趣旨に基づく"国民体育"を創ろうと思ったのです。

　「従来世に流布されている形の他、目下考案中の柔道単独練習法や家庭柔道の形の類が世に発表せらるるに至らば、普通の座敷において平服のまま練習することが出来るわけであるから、柔道は広く各家庭で行われることであろう」[18]と述べ、誰もが普段着のまま家庭で行える「形」を創作したのです。

　この「形」は「精力善用国民体育」ともいわれ、打ったり突いたりの練習をしながら身体を鍛錬する方法でした。一人で行うものを単独練習と言い、自然体で立って前当や後当、前蹴などを施す「形」でした。二人で攻防するのを相対練習と言いました。格闘術に詳しい藤原は、「『精力善用国民体育』の中には、『当て』『突き』『蹴り』『打ち』『取り』『上げ』『掛け』など、唐手術の技法を援用したものが多数含まれているのです」[19]と述べているように、「精力善用国民体育」の基本技は唐手術にあったのです。

　元々、嘉納師範は危険な当身技は「形」で練習させましたが、一方で、手袋をはめれば当身技を含んだ"離れて行う"乱取も不可能ではないと述べ研究していきます[20]。しかし昭和2年、当身技を含んだ乱取の実現は難しいと述べ断念したのです。嘉納師範が心に抱いていた〈武術としての柔道〉が、「精力善用国民体育」として実現され、晩年にはこの「形」を普及しようと国内はもとよりハワイにまで出かけて精力的に指導を行いました。

　実際に、この「形」の普及状況はどのようであったのでしょうか。昭和6

資料7　品川高等女学校の精力善用国民体育（『柔道』第二巻第四号）

年、嘉納師範は品川高等女学校で「精力善用国民体育」の講演と指導を行い、以後、女学校では毎週4日間は全校生徒が毎朝単独練習を行いました。女学生の一人・久井田よし子は、入学時には奇妙な運動と思ったが「あらゆる動作が萬一の場合に役立つものばかりである事もわかって来た」と述べています。一方で、「東京には中等学校があまた存在しているが、精力善用の運動をやっている学校はわが校だけであった。」[21]と述べています。こうした言葉から、「精力善用国民体育」の普及は限定的であったといえるのです（資料7）。

4、柔道普及の実態と課題

　明治15（1882）年、講道館柔道は創始されましたが入門者は9名に過ぎませんでした。やがて、嘉納師範を取り巻く人々の協力があり柔道人口は徐々に増えていきます。柔道普及に伴う柔道人口の推移は次の通りです（資料8）。

年度	入門者数	累計	年度	入門者数	累計
明治15	9	9	大正3	982	15,262
明治16	8	17	大正4	966	16,228
明治17	10	27	大正5	1,138	17,366
明治18	54	81	大正6	1,256	18,622
明治19	99	180	大正7	1,339	19,961
明治20	291	471	大正8	1,487	21,448
明治21	378	849	大正9	1,575	23,023
明治22	605	1,454	大正10	1,590	24,613
明治23	565	2,019	大正11	1,937	26,586
明治24	302	2,321	大正12	2,313	28,899
明治25	434	2,755	大正13	2,641	31,540
明治26	291	3,046	大正14	2,829	34,369
明治27	238	3,284	大正15	3,210	37,579
明治28	217	3,501	昭和2	3,524	41,103
明治29	398	3,899	昭和3	3,581	44,684
明治30	386	4,285	昭和4	4,031	48,715
明治31	498	4,783	昭和5	3,974	52,689
明治32	474	5,257	昭和6	4,732	57,421
明治33	405	5,662	昭和7	10,793	68,214
明治34	420	6,082	昭和8	8,609	76,823
明治35	473	6,555	昭和9	7,425	84,248
明治36	304	6,859	昭和10	9,310	93,558
明治37	396	7,255	昭和11	8,509	102,067

明治38	569	7,824	昭和12	8,821	110,888
明治39	612	8,436	昭和13	9,938	120,826
明治40	821	9,257	昭和14	14,230	135,056
明治41	765	10,022	昭和15	14,248	149,304
明治42	541	10,563	昭和16	16,356	165,660
明治43	844	11,407	昭和17	17,267	182,927
明治44	955	12,362	昭和18	18,125	201,052
明治45	848	13,210	昭和19	12,436	213,488
大正2	1,070	14,280	昭和20	3,646	217,134

資料8　柔道人口の推移（1882～1945）

　明治18年、警視庁武術大会が開催されると、講道館は柔術門下に勝利しようと技術の研究に取り組みます。その結果、講道館門下が優勢となり柔道の名が知れ渡り、同20年には年間入門者数が3桁に増えます。やがて圧勝して、警視庁に講道館から教師が採用され警察関係に柔道が普及します。同28年、講道館「五教の技」という指導法が確立され、日清戦争により尚武の気風が起こると、翌年から年間入門者数が三百人台に増えます。同38年から五百人台に増えるのは、日露戦争（明治37～38年）の影響があったといえます。同44年、ついに撃剣と柔道が中学校正課（但し選択）に採用され、大正時代からの年間入門者数の増加に繋がっていきます。

　大正3（1914）年、嘉納師範は"柔道会"を結成し雑誌の発行や講演会を催し、また高専大会や中等学校等の大会も盛んとなり、同5年以降には年間入門者数が千人台となります。同11年の講道館文化会の創設と「精力善用自他共栄」発表の翌年には、柔道への関心が高まり年間入門者数が二千人台に増えました。昭和6年には満州事変が勃発します。同年、武道が中学校以上で正課必修となり翌7年には年間入門者数が1万人を超えます。同12年、日中戦争が始まるとさらに増え、太平洋戦争中（1941～45）は小学生から武道が必修となり、そうした動きに呼応して年間入門者数は1万5千人を

超えました。しかし、同 20 年に日本は戦争に敗れ、GHQ により武道は戦争に加担したとして全面禁止され柔道人口は激減したのです。

　嘉納師範と講道館員の柔道普及は、本部道場だけでなく学校や警察関係に及び、しかも技術だけでなく柔道思想の国民への浸透も図りました。しかし一方で、武道は個人の護身とともに国家に貢献するという目的があり、政府は戦争を迎えると武道を奨励して護身と護国の精神を強調します。こうして、戦争が起こると柔道人口が増えたこともありました。しかし、武道の本来の目的は「術を通して道を得る」ことであり、戦争の道具ではありません。私たちは、嘉納師範が意図した「柔道を通した人間教育」をいつの時代でも目指していかなければならないと思います。

引用文献

1) 嘉納治五郎口述・落合寅平筆録、「柔道家としての嘉納治五郎（1）」「作興」第六巻第一号、1927
2) 前掲「作興」第六巻第六号、1927
3) 嘉納治五郎、「『柔術』から『柔道』へ」、大滝忠夫編『私の生涯と柔道』新人物往来社、p50、1972
4) 嘉納治五郎、『作興』、1927、長谷川順三編『嘉納治五郎の教育と思想』明治書院、p336、1981
5) 嘉納治五郎、「国士」第二巻第五号、講道館、p400、1899
6) 吉田千春、磯又右衛門、「天神真楊流柔術極意教授図解」p261〜271、1893
7) 丸山三蔵、『日本柔道史』、大東出版社、p161、1942
8) 前掲4) p341〜342、1981
9) 嘉納治五郎、「講道館柔道乱捕審判規程」、「柔道」第二巻第六号、第七号、1917
10) 嘉納治五郎、「柔道一班并ニ其教育上ノ価値」、1889、渡辺一郎編『史料明治武道史』p85〜86、1971
11) 同上 p86
12) 学習院柔友会、『学習院柔道百二十年史』、p3〜5、2006
13) 嘉納治五郎、『嘉納治五郎私の生涯と柔道』、大滝忠夫編、新人物往来社、p244、1972
14) 岸野雄三他、『近代日本学校体育史』、日本図書センター、p94、1983

15）岡野好太郎、『学生柔道の伝統』、明書房、p12〜13、1954
16）嘉納治五郎、「柔道試合審判規程の改正に就いて」、『柔道年鑑』、p35、1925
17）嘉納治五郎、『柔道教本』、堀書店、p116、1931
18）嘉納治五郎、講道館篇『嘉納治五郎著作集』第2巻、五月書房、p100、1983
19）儀間真慎・藤原稜三、『近代空手道の歴史を語る』、p110、1986
20）嘉納治五郎、「柔道一班并ニ其教育上ノ価値」、1889、『史料明治武道史』、p91、1971
21）久井田よし子、「精力善用国民体育についての感想」「柔道」第7巻11号、p31、1936

注

注1）嘉納師範は東京大学在学中にハーバード・スペンサーの『教育論』を原書で勉強した。この書物は明治初期に『斯氏教育論』として発刊され、教育の道とは「天賦固有の能力を悉く使用して、己と人との為に最大の利益を生ずるの道」（p17）と書かれ、個人の能力を全て使用して自分と他人のために尽くすこととされた。西洋の功利主義思想である。

第三章　海外に普及する柔道

村田直樹

1、はじめに

　現在柔道は、世界の204の国と地域に普及しています（2018年10月現在）。誰が普及させたのでしょうか。日本人です。何故、どのように普及したのでしょうか。何故＝世界に対する恩返しの気持ちから、どのように＝派遣された現地の格闘家の挑戦に勝利して普及しました。それが普及の原点です。

　冒頭、204の国と地域に普及していると述べましたが、これは国際柔道連盟 International Judo Federation（以下、IJF。会長マリウス・ビゼール、ルーマニア）に加盟している国の数です。これら約200の国と地域に柔道が如何にして伝わり、如何にして普及して行ったのか、そして現状はどうなっているのか等を知るためには、それぞれの国の信頼出来る柔道史を見なければなりません。しかし、そのような水準でまとめられた柔道史は、現在のところ、「嘉納治五郎」（諸橋轍次他、日本1964）、「LE JUDO」（Michel BROUSS、仏国1996）、「Judo in the U.S.」（David 松本/Michel BROUSS、米国）であり、その他は見当たりません（フランスの柔道については別章。アメリカへの普及は本章で後述）。ですから本当は、204の国

と地域に普及した柔道の現状と課題を把握したいのですが、困難です。論拠に足る資料が手許に無いからです。

しかし、世界の柔道界を俯瞰して見ると、IJFが昭和26（1951）年7月12日に結成されて後、記念すべき第1回世界柔道選手権大会が昭和31（1956）5月3日、21カ国の参加を以って東京・蔵前国技館で開催されて以降、平成30（2018）年9月20日～27日にバクー、アゼルバイジャンで第32回大会が開催される迄、大会は順調に回を重ね（1度のみ中止。スペイン、1977）、この間、第1回世界女子柔道選手権大会も昭和55（1980）年11月29日～30日、ニューヨーク・アメリカで開催され、現在は23回目が男子と同じくバクーで開催され、柔道は真に世界に普及し活況を呈していると言えましょう。

オリンピックでも同様です。昭和39（1964）年10月20日～23日、柔道は東京で開催されたスポーツの祭典、第18回国際オリンピック競技大会で正式種目として採用、実施されました。この瞬間、柔道は世界の競技スポーツとなりました。柔道に軽量級68kg・中量級80kg・重量級80kg以上＋体重無差別という体重別制が導入されたのは、この時が初めてです。以後、柔道はメキシコ五輪を除き、現在に至るまで国際オリンピック競技大会正式種目として実施されていることは、読者の皆さんが良く知るところです。

2020年に東京に再びオリンピックがやって来ます。海外に普及する柔道がどんな姿のものか、実際に見ることの出来る絶好の機会ですから、是非、応援に駆けつけ、日本の生んだ世界の競技スポーツ、柔道を堪能し、また世界の人々と交流して下さい。それが立派な国際貢献ですから。

かように海外に普及する柔道ですが、何故、如何にして普及したのでしょうか。ここを知ることが、柔道の普及を知る原点です。

2、普及の動機

　一体、人事百般のものごとは、人の行動の結果として存在するものです。その行動の前には、動機があり、目的、理由があります。動機、目的、理由なく、単にものごととして存在する、などということはありません。ものごとは動機・目的・理由といった原因によって結果がもたらされるのです。海外に普及する柔道も同じです。

　日本で生まれた柔道は、21世紀の今日、国内はもとより遠く地球の裏側の国々にまで普及しています。前述のように、その数は204の国と地域になっています。国際連合に加盟している国は193カ国（2017年10月現在）ですから、それよりも数多くの国々で柔道が行われている訳です。素晴らしい文化的国際貢献だと言えましょう。一体、誰が、如何なる動機、目的、理由で以って、柔道を世界に広めたのでしょうか。我が日本人です。

　本章では、柔道普及の為に命を的に海外へ雄飛して行った先人に焦点を当て、創始者がどのような動機、目的、理由を以って柔道を海外へ進出させて行ったのかを、派遣された第1号山下義韶(やましたよしつぐ)を例として観て行きます。

　飛行機の無い長い船旅の時代、柔道の名誉の為に現地の猛者に負けてはならない決死の覚悟、そして食事の違いや言葉の壁等、数々の困難を越え、ようやく柔道がその国の人々に認められ、普及していった過程は、一大ドラマと言っても過言ではありません。何れの国に派遣された日本人柔道家にとっても、同様であっただろうことは想像に難くありません。派遣された殆どの人は帰国していますが、中には前田光世(まえだみつよ)のように、二度と故郷の土を踏まず、彼の地で人生を終えた人もいます。

　さて柔道は明治15（1882）年5月、嘉納治五郎という人（以下、嘉納師

第三章　海外に普及する柔道　59

範、又は単に師範)によって創られました。他の少年より体の小さく弱かった少年時代、師範は、強くなりたいと思い、伝統武術の一種である柔術を習いたいと思いました。柔術を身につければ、大きい者にも勝てると聞いていたからです。

　しかし、父親に反対され、直ぐの入門はかないませんでした。それでも入門したい気持ちをずっと抱き続け、大学生になってようやく父親の許しも出て、柔術入門を果たします。天神真楊流という柔術でした。大学卒業後は起倒流という柔術も習いました。

　師範は大学時代、柔術の他にも陸上競技や野球などに取り組みました。特に野球はよく練習し、左のピッチャーでした。しかし、一番力を入れたのは柔術でした。

　色々なスポーツに取り組んだ結果、柔術が身体を偏りなく発達させるのに一番望ましい運動だ、と結論づけました。

　しかし、当時は明治新政府による近代国家づくりに官民上げて足並みを揃える時代に入っていて、国民の間では柔術などという前近代の旧いものを顧みない風潮でした。そのような時代に在って、師範は身心の鍛錬のためには柔術が最も適している、とその教育的価値を洞察し、これを捨ててはいけない、それどころか広く世に行われるようにしたい、と考えるようになりました。しかし、武術としての柔術そのままでは危険な技がありますから、安全に練習、試合が出来るように創意工夫する必要がありました。また伝統の武術的側面も遺そうと、危険な技は形として遺し今日の柔道が誕生しました。

　柔道を創始した頃の師範の言葉が遺されています。

　「柔術というものはなかなか面白いものである。今日のように廃刀の世の中では、勝負の修行として有益であるばかりでなく、身体のためにも非常によい(当時自分は柔術の修行の結果として幼少の時に比して体格

が全く一変したことを実験した)。

　また単に面白いのみならず、身心鍛錬の上によほど効能のある修行であるということを深く感ずるに至った。それゆえ、これを広く世に行われるようにしたいという考えを起こした」1)

「自分はかつて非常な癇癪持ちで、容易に激するたちであったが、柔術のため身体の健康の増進するにつれて、精神状態も次第に落ち着いて来て、自制的精神の力が著しく強くなってきたことを自覚するに至った。又柔術の勝負の理屈が、幾多の社会の他の事柄に応用の出来るものであるのを感じた。更に勝負の練習に付随する智的練習は、何事にも応用し得る一種の貴重なる智力の練習なることを感ずるに至った。
　もとより方法としては、在来教えられて来たった方法そのままでよいとは思わないが、相当の工夫を加うるに於いては、武術としての外に、智育・体育・徳育としてまことに貴重なるものであることを考うるに至った。
　又天神真楊流と起倒流との二流を併せ学んだところから、柔術は一流のみでは全きものではない、二流のみならず、なおその他の流儀にも及ぼし、各その長を採り、武術の目的を達するのみならず、進んで智・徳・体三育に通達することは工夫次第で、柔術は最もよい仕方であると考えた。かかる貴重なものは、唯自ら私すべきものではなく、広く大いに人に伝え、国民にこの鴻益を分かち与ふべきであると考うるに至った。そこですでに修得したる処を土台として、之に工夫を加え、広く世に行おうと決心したのである」2)

　如何でしたか。もともと体が小さく虚弱であり、年上からいじめられたりしたので、強くなりたい、と少年の素朴な動機から習い始めた柔術です。し

かし、修行を通して柔術の価値を強く感じ始めます。その価値とは智育、徳育、体育という教育的価値でした。

　更に、「かかる貴重なものは、唯自ら私すべきものではなく、広く大いに人に伝え、国民にこの鴻益を分かち与ふべきであると考ふるに至った」とあるように、明治という近代国家建設に燃える国民に対して、その価値を分かち与えるべきだと考えるようになったのです。その教育施設として講道館を創設する訳ですが、では一体、何故そのような考えに至ったのでしょうか。ここに嘉納師範の人生観が垣間見られます。それは端的に言って、世の為人の為、という人生観です。

　この考えは国内にとどまらず、国境を越えて世界各国に対しても向けられていました。何故でしょうか。その答えが次の資料に明らかです。

　「各国家の対立は依然今日の姿を継承するものと見るを当然と考えるが、世界の将来は社会的には各国民は相接近し、文化も漸次渾一することは自然の勢いである。その時に当たって、我は多く他国に学び、我より彼らに教うるものがなければ、はなはだ肩身が狭いのみならず、遂に軽侮を受くることをも免れ難いのである。

　それでは、我は彼らに何を教え得るかというに、柔道をおいて他に何があろうか。勿論、個々の学者や研究家が日本の文化について調べたり、参考したりする事実はあるが、柔道の如く広く世界に行われ、ますます盛んにならんとしているものは他に何があるであろうか。今回欧州旅行中目撃した事実に徴しても、柔道こそは日本が世界に教うべき使命を持っていると考えられるのである」[3]

　「今日世界に広く学ばれている日本の文化というものは美術と柔道の外にない。しかしてこの美術は、欧米の人は自身に優秀の美術をもってい

て、ただ異なったところのあるところから研究するのであって、柔道のように彼にないものを初めて学ぶのとは趣を異にしている。

　今まで日本は世界から種々のことを学んで来た。日本も何かを世界に教えなければならぬ。今後日本が世界に自分の説いている様な柔道を教えることになれば、初めて世界文化の上に寄与することが出来るのみならず、それらを学んだ団体が中心となって、日本の世界的発展を助けることが出来ようと思う」[4]

　師範の日本人としての道理、即ち世界に対する恩返し、及び祖国愛が見て取れます。明治という文明開化の時代に入って色々学ばせてくれた世界に対し、何の恩返しもしないで肩身を狭くしたり、軽侮を受けるようなことになってはいけないという態度です。

3、いざ米国へ

　かくして師範は、積極的に柔道を海外へ進出させました。では、普及の為の海外派遣第１号は誰だったのでしょうか。山下義韶という人でした。講道館四天王と呼ばれた高弟のうちの一人であり、後に柔道史上、初の十段に達する人です。

　柔道の海外進出への努力[5]は、一つは国内において払われ、もう一つは海外の各地で払われました。柔道草創期、嘉納師範は講道館を訪問する著名外国人に対して、微に入り細を穿って柔道を説明しました。説明の内容は、主に柔道の技とその原理、そして柔道精神でした。これは国内における柔道の国際的普及と言えましょう。講道館を後にした著名外国人や有識者層から、謝辞と柔道を称える声が届けられるにつけ、師範は柔道の技術の合理性と精神の国際性について自信を深めて行きました。もう一つの普及の方法は、指

導者の海外派遣ですが、派遣する指導者について、師範は慎重でした[6]。

「従来外国に行った柔道家は多く失敗している。伊藤徳五郎の如きは相当に成績を挙げたが、多くは暫く教えると、先方で止めてしまう。1年か長くても2年も経てば、もう用が無くなってしまう。中には生活費にも困り、果ては興行師の仲間入りをするようにもなる。故に今日では海外派遣を見合わせている。柔道にとって却って損失になるからである。しかし将来は大いに人を出すつもりでいる。即ち立派な専門家を養成して各国に派遣したい。技術は勿論、学問があって、語学が達者で、説明も出来、話も分かる立派な指導者を外国に行かせたいのである[7]」

伊藤徳五郎とは明治45／大正元年（1912）年頃、キューバの四天王と称されてその強豪振りを畏れられた柔道家（四段。当時）です。因みにキューバの四天王[8]とは伊藤の他、前田光世、佐竹信四郎、大野秋太郎を加えた4人のことを言いました。

しかし、最も早い時期に講道館から派遣され、海外で柔道を指導したのは前述の山下義韶六段（当時）です。本章では、この山下六段を例に海外普及への道を詳しく見て行きます。山下六段の米国行は、どのような経緯、事情だったのでしょうか。

山下は明治23（1890）年頃から慶應義塾の柔道師範を務めていました[9]が、教え子の一人、柴田一能（かずよし）が、明治34（1901）年9月、エール大学（米国東海岸）へ留学することになりました。米国に渡った柴田は、ニューヨーク在住日本人会々長古谷政次郎を介して、北部鉄道会社 the Great Northern Railroad の創業者ジェイムズ・J・ヒルの下で弁護士として働い

ていたサミュエル・ヒルと親交を持つようになりました。サミュエル・ヒルは、ジェイムズ・J・ヒル社長の娘の一人、メアリー・フランシスと結婚し、その後、鉄道王と称されるほど熱心でカリスマ的存在となりました。

　息子の教育に腐心していたサミュエル・ヒルは、柴田に武士道的教育を施したい旨を告げます。すると柴田は、慶應義塾で柔道を習った山下に連絡を取った[10]のでした。

　連絡を受けた山下は、あーそうか、と単独で決心し、米国へ渡ったのでしょうか。それは考えにくいでしょう。嘉納師範の許可なくして講道館を離れる訳などは考えられませんから。

　別の資料[11]によれば、サミュエル・ヒルは鉄道建設の情報収集目的で頻繁に欧州、アジアを旅したとあります。彼は新しい出張先となった日本へ来た時、柔道を観ました。何処で観たのかは、残念ながら定かではありません。その記述が資料にはありません。

　柔道を観たとき、瞬時に得心したのでしょう。これこそ我が子ジェイムズ・ナーハン・ヒルに武士道精神を染み込ませる道である、と。サミュエル・ヒルの目にはっきりと、虚弱な甘えん坊の9歳になる息子の肉体と精神を鍛える方法は柔道だ、柔道ほど効果的なものはないと映じたのでしょう。

　時に彼の理解では、武士道精神とは高貴にして清廉な心[12]でありました。親交のあった柴田の影響があったのかも知れません。

　かくして師範が山下を派遣することになる訳ですが、師範は相手が相手だけに、派遣する者の選考には慎重を期したと思われます。

　当時、講道館有段者の最高位[13]は六段であり、山下義韶と横山作次郎の2名でした。四天王と称された人々です。因みに四天王のあと2人は富田常次郎、西郷四郎であり、この時は両者五段でした。この四天王は、既述のキューバの四天王と違い、講道館草創期、警視庁武術大会で古流柔術の強豪と対決勝利し、師範をたすけた元祖講道館四天王です。

資料1　米国に於ける山下義韶・筆子。柔道衣の袖、下穿きの短さに注意。

　師範は鬼横山より山下を選びました。何故でしょうか。上述、師範の言葉を思い出せば分かるのではないでしょうか。曰く、「技術は勿論、学問があって、語学が達者で、説明も出来、話も分かる立派な指導者」と目されたからに違いないでしょう。

　かくして山下は、米国の鉄道王と称されたサミュエル・ヒルの招聘で、明治36（1903）年9月22日、横浜を出帆[14]。山下義韶・筆子夫妻上船の信濃丸は、太平洋の波濤を蹴って、一路、米国はシアトルへと向かったのでした。

　以下は山下から鉄道王サミュエル・ヒルへの返信です（抜粋）。

　　On August 26, 1903

My dear sir,（略）In reply to your favor I am very glad to inform you that we are ready to start to America on the 22nd of September on board "Shinano Maru" as you so kindly arranged for us.

謹啓（略）閣下がご親切にもお手配下さいましたように、私どもは9月22日に信濃丸にて米国へ向け出発致すばかりとなりました……（邦訳筆者）

山下義韶の渡米については、慶應義塾柔道部史[15]（昭和8年9月15日発行）に活写されているので、少し長いが引用します。慶應義塾柔道部員の山下に対する厚い感謝と深い敬慕の情が滲み出ています。

明治22（1889）年、はじめて我が部の師範として就任せられたる山下先生は、この度米国鉄道王と称せられたるサミュエル・ヒル氏の招聘に応じ、遠く彼の地に柔道普及の為渡米せらるゝことゝなった。先生は実に15年間1日の如く、労苦を厭わずして我が部の為に大いに力を尽くされたのであって、親しく多くの部員を指導せられ、昔の微々たる柔道部をして、今日の隆盛を見るまでに育て上げられたその功績は、永く没すべからざるものである。先生今や我が部を去るも、三田山上に柔道を盛んならしめた如く、太平洋を隔つる異境に於いて同じくその華を咲かしむることを得ば、斯道の為に一時の別れを忍ぶも亦止むを得ないことであった。別離の情に堪えざる我が部は、その行を盛んならしめんとして、9月19日午後1時より餞別勝負を行い、それより送別会を開いた。

餞別勝負には、雨天にも拘らず、試合者及び参観人の集まる者300人。主賓山下師範の外、鎌田塾長、福澤体育会長、青木新部長、森幼稚舎々長、塾員窪田文三、旧部員平野勝次郎、牧口義矩、堀切善兵衛、金澤冬

三郎諸氏も列席せられた。

　試合は旧部員諸遊慎吾氏の審判の下に行われ、11番の取組みと5人掛け等あり、中には少年時代より先生の教えを受けたる有段者等も多くあることとて、先生も今渡米に際してこの勝負を見、一種の感に堪えざるものの如くであった。

　それより茶話会に移り、幹事中村氏は部員一同を代表して立ち、「我が部今日の隆昌を来せるは、全く先生の賜ものである。先生の去らるゝは遺憾なれども、今や先生の渡米は、我が国の武士道たる柔道を欧米各国に紹介する端緒を開くものなれば、寧ろ我が部の名誉とすべきである。幸に健全にして彼の米国に柔道を扶植せられんことを望む」と述べ、その功労に酬ゆる微志として、部員一同より金時計1個を贈呈すと報告し、次に金澤氏は卒業部員を代表し、青木氏は部長として共に懇篤なる謝辞を呈した。

　最後に山下先生は徐に演壇に立ち、丁重なる答辞を述べられ、親愛なる部員諸君と別るゝは、余の忍びざる所なり、と語られたる時には、語るものも聞くものも共に涙を呑んだ。それより茶菓を饗し、琵琶歌、講談、部員の茶番ありて興を添えた。

　尚山下先生及び同夫人は信濃丸に便乗し、9月22日米国に向かって出帆せられた。部員一同新橋停車場、若しくは品川停車場に見送り、幹事及び有段者は横浜に到りて、親しく乗船の甲板上で別れを惜しんだ。

　米国柔道史 Judo in the U.S. に拠れば、山下はヒルの所に長くは滞在しませんでした[16]。その理由は、ヒルの当初の思惑、息子を柔道で鍛えるという計画はヒル夫人の反対に合い、頓挫[17]したようです。

　山下は直ぐにコロンビア区 the District of Columbia（米国連邦政府所在地で議会直轄地のこと。略 D.C.　Washington D.C. とも言う）へ移り、在

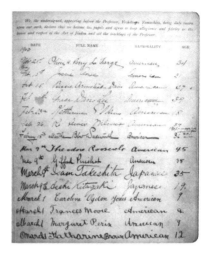

資料2 米国での練習者名簿。下から8行目にT．ルーズヴェルトの自著が見える。

米日本公使館で柔道の指導を始めます。そこには公使館付き海軍武官竹下勇中佐が居ましたが、竹下の仲介で山下六段は、時の米国大統領セオドア・ルーズヴェルト[注1]に謁見しました。スポーツ好きの第26代大統領は、やがて門下生となり、師弟の礼をとることになりました。

4、滞米中、日露開戦

山下が渡米した明治36（1903）年と言えば、極東では不穏な空気が支配し始めていました[18]。帝政ロシアの満州、朝鮮への南下政策が、露骨なまでに表面化して来たのです。日露が戦端を開くのは時間の問題とさえ思われた矢先、遂に翌明治37（1904）年2月国交断絶。我が国は日露戦争[注2]に突入しました。

日露戦争は国家としての命運を懸けた戦い[19]でした。日清戦争中、日本

の対朝鮮圧迫の反動として朝鮮における対日感情が高まっていましたが、日本が三国干渉[注3]を受けると、朝鮮政府は親露的傾向を示すようになりました。これを巻き返そうとして駐鮮公使三浦梧楼が、政治の動向に大きな力を持った王妃閔氏(おうひびんし)の殺害事件に関係し、却ってますます対日反感を強めました。しかも国王高宗はロシア公使館に移居して、約1年間そこで政務を執るのです。

この善後策として日本はロシアと協定を結び、ロシアの朝鮮への軍隊の出動を認めました。ロシアは他方で朝鮮と密約を結んで、財政経済に大きな影響力を持つようになりました。またロシアは日清戦争後、清国に対日償金支払いのための借款を与え、露清銀行を設立していましたが、露鮮密約と並行して、日本を対象とする露清同盟を締結し、満州を横断しウラジオストクとシベリアを結ぶ東清鉄道の敷設権を獲得しました。

清国に対してはロシアのほか、独、仏、英が租借地・鉄道利権・勢力範囲を奪い、日本も福建省を勢力範囲にするなどのことがあって、明治33（1900）年に清国で強烈な民族運動、義和団事件が起こりました。これは列国の共同干渉を受けて鎮圧されました。しかし、ロシアはこの機会に満州を占領したのです。

かくしてロシアが大陸で朝鮮沿岸・黄海・渤海湾の線まで抑えたことは、日本にとっては大きな恐怖を与えられることになりました。ロシア本土は、日露対立の地域から当時の戦争では乗り越えられないほど遠距離の後方に在り、日本は本土を直接ロシアの前身軍事基地の前面にさらすことになったのです。当時の情勢では、日本が敗戦すれば、日本人全てが一様に国家と運命を同じくする国際権力政治の中におかれてしまうことは、誰の眼にも明らかでした。

日露交渉は行き詰まり、明治37（1904）年2月、遂に対露開戦に至りました[20]。

管見（自分の考えを謙遜した言葉）ですが、日露戦争は日本人として後世に語り伝え、忘れてはならない歴史です。あの戦い、あの勝利あったればこそ、今日こうして我々日本人が母国語を話し、経済的繁栄を築き、祖国の文化を存続発展させて来られたと言って過言ではありません。またロシアは今でこそ自由主義陣営に入っていますが、来し方の歴史を見れば、ソ連時代は東欧諸国を赤化強圧し、その統治下に置かれた市民生活は、概してパン無き貧困と秘密警察監視下の不自由なものでした。

　ベルリンの壁崩壊によって東西市民が再び抱き合い、喜びに満ちた顔が示したものは何であったのでしょうか。それは人類の真実、即ち人間の幸福とは、祖国愛を抱き、自由の下に生きられることでしょう。ロシアが朝鮮半島、満州を占有すればどうだったでしょうか。やがて矛先が日本へ向かい、太平洋を睨む格好の軍事基地、不沈空母の列島とすべく、軍靴の音を高からしめたことでしょう。しかし、我が祖先は勝利したのです。

　以下、松村[21)]を引いて、ここに日露戦争の一幕を想起しておきます。何故ならば、柔道修行者もこの戦さを戦ったからです。中でも広瀬武夫、湯浅竹次郎等は軍功を挙げ、軍神として崇められました。東郷平八郎連合艦隊司令長官の武士道（精神）に身の震える思いが致します。

　明治37（1904）年5月27日午前7時、バルチック艦隊は日本の別働隊である第三船隊に付きまとわれ始めた。それでも整斉と速力9ノットで前進を続け、対馬海峡の東水道を抜けつつあった。昼頃である。バルチック艦隊司令長官ロジェストウェンスキー提督は、右前方に霧の中から姿を現した日本艦隊を見た。日本艦隊はバルチック艦隊の進路を右から左へ横切るように対進していた。その速力は15ノットと判断された。やがて日本艦隊はバルチック艦隊の前方を斜めに横切ったが、砲撃

するには距離があり過ぎた。

「しめた！」と思ったロジェストウェンスキーは、第一戦隊を左縦隊の前方に出し、単縦隊に陣形を変換し、全速力でウラジオストックへ向かおうとした。旗艦が先ず第二戦隊の前方に出た。

　東郷司令長官は、決戦開始の時期を午後２時と決断した。そして左手を高く上げて回し、「取り舵いっぱい！」と命令した。それはバルチック艦隊の前方を左から右へ横切ろうという典型的なＴ字形戦術であった。

「切っ先で戦うな。敵の背中に刃が突き抜けるまで踏み込んで戦え！」と日頃から東郷が部下に教えていた通りの実行である。敵との距離が詰まった。

　午後２時８分、先頭の旗艦「スワロフ」は射程距離6400ヤードで砲撃を開始した。東郷は３分後に射撃開始を命令した。たちまち「スワロフ」と「オスラビア」が火達磨となり、この後約30分間で勝敗分岐点が訪れた。後は戦果の拡張であって、日本艦隊は対馬北東端〜沖ノ島〜壱岐島〜鬱陵島〜蔚珍の海域に於いて、反時計回りで合戦しながら戦った。

　バルチック艦隊の戦艦11隻のうち７隻が撃沈され、４隻が拿捕された。巡洋艦８隻のうち４隻が撃沈され、３隻がマニラで抑留された。駆逐艦は７隻のうち４隻が撃沈され、１隻が上海で抑留され、２隻がウラジオストックに逃げ込んだ。兵員の戦死4830、捕虜7000、中立国抑留1862。日本艦隊の損害は、水雷艇３隻を失っただけであった。

　勝利の鍵は速度であり、戦術の鍵は、"切り結ぶ刃の先こそ地獄なれ。たった踏み込め、あとは極楽"（宮本武蔵）である。東郷元帥は後に述懐した――10年も掛かって築いた艦隊[注4]は、海戦当初の30分の決戦に用いるためだった――

5、生涯の誇り

　日露戦争の雌雄を決する日本海海戦は、史上稀に見る日本の圧倒的勝利でした。
　さて、太平洋の遥か先、遠いアジアの日露戦争は、米国大統領にとっては如何なる意味を持っていたのでしょうか。
　この時期、ルーズヴェルト米国大統領にとって、日露戦争は国内の政治課題よりも大きな問題でした。遠い極東の出来事だとは言え、仮にロシアが日本を降して満州及び朝鮮半島を支配することになれば、米国としても対抗手段を講じなければならないと考えていたからです。
　ルーズヴェルトの外交政策は、俗に、棍棒を手にしつつ穏やかに話す[22]と言われていました。飴と鞭を駆使した如何にも大国流儀の外交手法です。しかし、ロシア相手の棍棒の用意となると、彼としても厄介なものだったのでしょう。しかし、心配は杞憂、無駄でした。
　明治38（1905）年5月28日未明、ホワイトハウスに一本の重要情報が届きました[23]。「日本時間28日午前10時過ぎ。日本海対馬沖で行われていた海戦に於いて、ロシア・バルチック艦隊のネボガトフ少将は、旗艦ニコライ1世に白旗を揚げ、日本海軍司令艦三笠に投降す」
　ルーズヴェルトはホワイトハウスの特設道場で山下の手を握り、日露戦争に於ける日本の勝利を告げてくれました。
　山下は最初何を言われたのか良く理解出来ませんでした。しかし、じっと耳を傾け説明を聴き、やがてその内容が日本海海戦で日本海軍がロシア艦隊を全滅させたことを知るに及び、感涙に咽んでその場に泣き崩れた[24]といいます。この時、日本公使館はまだ、"日本海海戦の勝利の報"に接していませんでした。

山下はこれを日本公使館に伝えました。公使館では、山下の働きは金鵄勲章（武功抜群の陸海軍軍人に下賜された勲章。功1級〜功7級迄。明治23年制定。終身年金を伴ったが、昭和16年、一時年金に改定。同22年廃止）以上のものだ、と大喜び[25]でした。

　山下も日露戦争勝利の第一報を日本人として最初に入手したこと、及びそれを公使館に感激を以って伝えたことが生涯の誇りだと語っていた、とは山下の長子、故山下与喜弥夫人秋（88歳。当時）の述懐です（07/03/19筆者取材。於山下邸）。

　山下を大統領に紹介した武官竹下勇中佐も、所謂ホワイトハウス道場の山下の門下生でした。竹下は述べています。

　　自分も講道館の門人としてホワイトハウスの道場で大統領に柔道を教える山下さんのお手伝いをしたことがあるが、或る時、大統領は私室に2人を呼んで言われた。今度の日露戦争は忠臣蔵を大仕掛けにやったものだ。この事件は元はと言えば、ロシアが三国干渉で日清戦争の結果、折角譲渡を受けた遼東半島を無理に返させたから起こったものだ。その辱めを受けた日本は、今、見事に仇討ちをしたのだ、と。大統領は日本の武士道を良く理解されていたと思う[26]。

　後に山下の為にアナポリスの海軍兵学校の職を確保してやった[27]ルーズヴェルトは、有名なスポーツ指導者であり、スペイン戦争時（1898）、義勇騎兵を組織してキューバへ出征、武勲を立てました。今回の山下との別れに際し、ルーズヴェルトは思い出深きその時の写真を、自筆サインを添えて贈っています。時の米国大統領の山下に対する心からなる感謝であったと言えましょう。

　山下はホワイトハウスの他、既述のように海軍兵学校、ハーバード大学、

資料3 T．ルーズベルト大統領から
山下義韶へ送られた写真。
1904/4/13の日付が記されている。

その他紳士顕官等に柔道を指導しました。又山下夫人筆子も柔道衣に身を包み、社交界の淑女達に柔道を教えました。当時米国社交界で有名であったワーズワース女史を始め、南北戦争[注5]時、南軍の総司令官で名将の名をほしいままにしたリー将軍の孫に当たる令嬢たちも皆、この大和撫子の熱心な門人でした[28]。

　それでは、実際、現地に於ける山下の活動は如何なるものであったのでしょうか。克明詳細な記録は今のところ発見されていませんが、その一端を垣間見ることは出来ます。
　米国に於ける格闘家と言えば、先ずボクサーかレスラーを指すのが普通でしょう。柔道の海外普及のパイオニア山下義韶は、講道館で磨き上げた自ら

第三章　海外に普及する柔道　75

の技能を恃み、ただ独り、合衆国でこれら格闘家と闘いました[29]。紅毛碧眼の異国びとに柔道を認めさせるには、勝利のみがその道です。負けてはなりません。かつて柔道が旧来の柔術に圧勝して、満天下にその力を実証したように、今度は米国で柔道の技の卓越性を白日の下に曝してみせなければならないのです。その緊張感たるや、想像に絶するものがあると言わねばならないでしょう。

そして、山下は大勝利を伝えて来ました。講道館のみならず、祖国日本の名誉を保ちました。以下、再び、慶應義塾柔道部史を見てみましょう。

　　在米山下先生の通信に拠れば、先生は昨年米国に着以来、諸所に於いて各種の運動家と試合をせられ、其の都度散々に相手を弄びて、彼の地に漸く盛んならんとせしレスリングの鼻を挫き、一般より非常なる歓迎と好評とを受け、米国大統領ルーズヴェルト氏も柔道の稽古を始むるに至りしという。山下先生の名誉、日本武術の名誉、延いては日本国家の名誉これより大なるは無しと言うべし。尚陸軍幼年学校その他より頻りに教授の懇望を受けしが、忙しくて一々之に応ずることを得ず、遺憾ながら謝絶し居る有様なり。亦彼の地に於いては、貴婦人の之を稽古する者多く、その中にはかつて南北戦争に際し、南軍の大将として有名なるリー将軍の令嬢も加わり居れりと。
　　斯くの如く米人が争って斯道の研究に熱心なるに、その元祖たる日本人にして之を知らざるが如きことあらば、他日必ず赤面して談話に差し支ふるが如きことあらん。

山下は、米国での活動を手紙にしたため、慶應義塾柔道部へ送っていました。「柔道部史」は述べています、「先生は米国に着任以来、諸所に於いて各種の運動家と試合をせられ、其の都度散々に相手を弄びて、彼の地に漸く

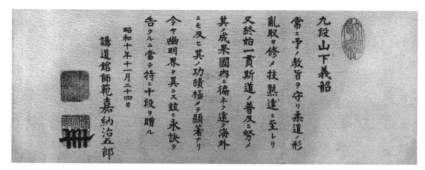

資料4　嘉納が直筆で山下に追贈した講道館柔道史上初の十段証書

盛んならんとせしレスリングの鼻を挫き、一般より非常なる歓迎と好評とを受け、米国大統領ルーズヴェルト氏も柔道の稽古を始むるに至りしという。山下先生の名誉、日本武術の名誉、延いては日本国家の名誉これより大なるは無しと言うべし」「彼の地に於いては、貴婦人の之を稽古する者多く、その中にはかつて南北戦争に際し、南軍リー大将として有名なるリー将軍の令嬢も加わり居れり」と。

続けて、「斯くの如く米人が争って斯道の研究に熱心なるに、その元祖たる日本人にして之を知らざるが如きことあらば、他日必ず赤面して談話に差し支ふるが如きことあらん」と。

我々柔道の"元祖たる日本人"は、204の国と地域の柔道事情について、どれほど情報を持っているでしょうか、或いは持とうとしているでしょうか……。

山下義韶は昭和10（1935）年10月26日死去した。29日告別式。翌11月24日講道館葬。享年71。

資料5　晩年の山下義韶

6、海外指導のいま

　講道館の海外派遣第一号、故山下義韶十段に続けとばかり、日本人柔道指導者は世界各地へ派遣され、日夜、指導普及に汗を流しています。派遣先は世界の5大陸で、それぞれアジア、オセアニア、ヨーロッパ、アフリカ、パンアメリカンに属する諸国です。

　指導者の派遣元は、講道館の外にも、全日本柔道連盟、国際交流基金、国際協力事業団等があります。企業が派遣し、現地で指導を行っている例もあります（例；ドイツ）。

　以下は講道館の在外指導員として派遣され、もしくは現地に滞在し、指導している国々です（2018/8月現在、順不同）。

米国23名　ブラジル11名　スペイン4名　スイス4名　カナダ2名　インドネシア3名　中国2名　仏蘭西2名　イタリア2名　メキシコ2名　フィンランド　ドイツ　香港　アイスランド　レバノン　マレーシア　メキシコ　プエルトリコ　UAE　ポルトガル　アルゼンチン　タンザニア　オーストリア　ロシア　マカオ　以上各1名　計70名

　このうち28名は、全日本柔道連盟国際委員会在外委員を委嘱され、全柔連としての諸活動も行っています。

　また独立行政法人国際交流基金が、今秋1名の指導者をブルネイ共和国へ派遣することが決まっています。ブルネイ柔道連盟が立ち上がったばかりで、柔道指導はもとより連盟の業務内容等の指導も含まれています。

　独立行政法人国際協力機構JICAも、青年海外協力隊員として柔道指導者を主として開発途上国へ派遣し、少なからず国際貢献していますので、ここに紹介しておきます。

　JICA青年海外協力隊柔道隊員の派遣は昭和40（1965）年に始まり、現在に到るまで世界88カ国（シニア海外ボランティア・短期ボランティアを含む）にのべ450名を越える柔道隊員を派遣しています。しかし近年、柔道隊員の応募は残念ながら減少傾向にあり、世界各国から届く年間50〜60件にのぼる要請に応えることが出来ていない現状です。

　世界の国々では柔道衣、畳、指導者が不足している中にありながら柔道を志す多くの仲間達がいます。彼らは情熱を持った若い日本人指導者から柔道を学ぶことを熱望しています。

　ドミニカ共和国2名　インドネシア2名　ブータン　ガーナ　ボリビア　ベリーズ　ガボン　ジンバブエ　ペルー　ブラジル　マラウイ　マダガスカル　サモア　ミャンマー　ボツワナ　カメルーン　ベトナム　以上各1名　計19名（派遣国と人数、JICA広報、2018/8月現在）

JICAはその広報文を、「柔道の経験を生かし、日本と世界の架け橋になりませんか？」と結んでいます。内向きと揶揄される近年の我が国青年諸君の奮起を、ここに声高に記しておきます。その理由は、国際貢献も柔道修行の究竟の目的である世の補益、即ち自他共栄に合致するものだからです。

　これらに加えて2017年より我が国外務省が、東南アジア諸国連合ASEAN10ヶ国、即ちブルネイ　カンボジア　インドネシア　ラオス　マレーシア　ミャンマー　フィリピン　シンガポール　タイ　ベトナムへ対する協力事業の一環として、「アセアン自他共栄プロジェクト」を立ち上げ、柔道指導を展開することになりました。まだ緒に就いたばかりですが、日本のアジアに特化した貢献として期しましょう。

7、結論

1．嘉納治五郎師範は柔道創始当初から柔道の海外普及を目論んでいた。

2．米国人の鉄道王サミュエル・ヒルは、親交のあったエール大学（米国）留学生柴田一能（慶應義塾出身）より柔道について聴かされ、また日本出張の際、柔道を観て、甘ったれ息子の心身鍛錬の手段として、柔道こそ最適であると魅了された。

3．嘉納師範は山下義韶を米国へ派遣し、山下は現地の格闘家と対戦して勝ち、駐米武官竹下勇が山下を時の大統領セオドア・ルーズヴェルトに紹介すると、大統領は山下の門下生となった。

4．山下は、日露戦争の勝利を直接ルーズヴェルトから耳打ちされたこと、及びその報にまだ接していない駐米日本公使館に勝利の第一報を伝えたことを生涯の誇りとしていた。

5．柔道を海外へ普及しようとする嘉納師範の胸にあったものは、明治という新生日本の近代国家建設の為に寄与した諸外国に対して、日本独自の文

化の海外移出を以って恩を返すことが、やがて日本を助ける道に通じるという視点だった。山下はその任務を果たすべく海外へ派遣された。

6. 柔道は国際的競技スポーツとして世界に普及し、オリンピック競技大会の正式種目にもなった。

7. 我が国は、講道館はじめ全日本柔道連盟、国際交流基金、国際協力機構、一部企業等が、世界5大陸の諸国に連綿と指導者を派遣し、文化的国際貢献を果たし続けている。

8、おわりに

本章では講道館より派遣された山下義韶の例を挙げて、米国に柔道を普及する経緯、事情等を見て来ました。現在、オリンピック正式種目として世界に普及する柔道ですが、そこまでに到達する原点には、我が先人が、祖国と本人自身の名誉を懸けた人知れぬ努力と苦労があったという歴史を理解して欲しいと思います。

そして先人のDNAを受け継いで、"後続部隊"が陸続と海外へ雄飛し、世界の諸国で柔道の指導普及に尽力しています。その結果、今日、204の国と地域の老若男女が日本の生んだ世界の文化、柔道を愉しんでいます。これを我が国の誇りと言わずして何と言いましょうか……。

引用文献

1) 『嘉納治五郎大系』第三巻、p78、本の友社、1987
2) 長谷川純三、『嘉納治五郎の教育と思想』、p320-321、明治書院
3) 『嘉納治五郎大系』第一巻、p370、本の友社、1987
4) 「第5回中央講道館有段者会に於ける嘉納会長の講演大要」、「作興」第6巻第9号、講道館文会、p29-33、1927
5) 嘉納先生伝記編纂会、『嘉納治五郎』、講道館、p.531、1964

6) 石井光次郎他（監）、『写真図説　柔道百年の歴史』、講談社、p81、1970
7) 嘉納先生伝記編纂会、前掲書、p541-542
8) 石井他（監）、前掲書、p98
9) 神山典士、『ライオンの夢』、小学館、p72、1997
10) 神山、同上書、p73
11) The United States Judo Federation, Judo in the U.S.;A Century of Dedication, North Atlantic Books, p.23, 2005
12) The Us Judo F, 同上書, p23
13) 講道館記事、「国士」第6巻第52号（復刻）、講道館、p293、1903
14) The US Judo F, 前掲書, p24
15) 金澤冬三郎（代表）、『慶應義塾柔道部史』、三田柔友会、p99-102、1933
16) The US Judo F, 前掲書, p23
17) 井上俊、『武道の誕生』、吉川弘文館、p63、2004
18) 下村富士男、『一八八九――一九一二年の日本、日清日露戦争』、世界文化社、p44-54、1968
19) 下村、同上書、p44-46
20) 下村、同上書、p46
21) 松村劭、『三千年の海戦史』、中央公論社、p.218-219、2006
22) 神山、前掲書、p63-64
23) 神山、同上書、p62
24) 神山、同上書、p63-64
25) 石井他（監）、前掲書、p82
26) 石井他、同上書、p83
27) The US Judo F, 前掲書, p24
28) 石井他（監）、前掲書、p82-83
29) 金澤（代表）、前掲書、p133-134

注

注1) Theodore Roosevelt　米国第26代大統領（1901-1908）。共和党選出。日露戦争の講和を斡旋、モロッコ問題を解決。ノーベル賞。1858-1919。
注2) 明治37（1904）年-38（1905）年、我が国が帝政ロシアと満州・朝鮮の制覇を争った戦争。明治37年2月の国交断絶以来、同年8月以降の旅順攻囲、38年3月の奉天大会戦、同年5月の日本海海戦等での日本の勝利を経て38年9月、米国大統領ルーズヴェルトの斡旋により、ポーツマスに於いて講和条約成立。

注3) 明治28（1895）年日清講和条約（下関条約）締結後、ロシア・フランス・ドイツの三国が日本に干渉を加え、条約によって得た遼東半島を還付させた事件。広辞苑第4版、1991。
注4) 日露戦争前の10年間、日本は軍備拡張に国家予算の約半分を注ぎ続けた。小神野正弘『歴史の授業で教えない大日本帝国の謎』彩図社、p13、2014に詳細。
注5) 米合衆国の北部と南部との間に起こった内乱。北部諸州は商工業を主とし、南部諸州は農業を主とし、北部は奴隷解放を主張し、南部は奴隷存続に固執していた。1860年、共和党のリンカーンが大統領に当選すると南部諸州が合衆国から離脱した。これに端を発して61年以後65年に南軍が降伏するまで前後5年に亘り戦乱が続いた。

第四章　武術としての柔道

村田直樹

1、はじめに

　嘉納治五郎師範（以下、嘉納師範、或いは単に師範）は柔道を、柔道体育法、柔道勝負法、柔道修心法として説明[1]しています。本章で扱う武術としての柔道とは、上記のうち柔道勝負法にあたる柔道のことです。
　では、ここに言う勝負とは、一体、どういう意味でしょうか。師範は次のように述べています[2]。
「勝負と申すことは広い意味に解しますれば、何でも一つの目的がありまして、これを達しようが為、人と争うことを申します。しかし、柔道勝負法では、勝負と申すことを狭い意味に用いまして、人を殺そうと思えば殺すことが出来、傷めようと思えば傷めることが出来、捕えようと思えば捕えることが出来、また向こうより自分にそのようなことを仕掛けて参った時、こちらでは良くこれを防ぐことの出来る術の練習を申します。これを摘んで申せば、肉体上で人を制し、人に制せられざる術の練習ということでございます」
　以上のように柔道勝負法とは、今日で言う試合、競技のことではありません。「人を殺そうと思えば殺すことが出来、傷めようと思えば傷めることが出来、捕えようと思えば捕えることが出来、また向こうより自分にそのよう

なことを仕掛けて参った時、こちらでは良くこれを防ぐことの出来る術の練習を申します。これを摘んで申せば、肉体上で人を制し、人に制せられざる術の練習ということ」です。これを端的に換言すれば、柔道勝負法の柔道とは、生死の懸かる格闘技術というであり、更に言えば殺傷の技術と言えましょう。

2、勝負の方法

　嘉納師範は、勝負の方法[3]を下記のようにまとめています。
1. 勝負を決する方法は、投、当、固の三種類
2. 投とは、相手の体を倒すか、落とすか、打ちつけるか、のいずれかをすること。その最も多くは倒すこと
3. 当とは、柔術では当身とも称えて来たが、我が四肢なり頭なりの一部で相手の全身の中で害を受けやすい部分をひどく突きなり打ちなりして相手を苦しめるか、一時気絶させるか、全く殺してしまうか、のいずれかをすること。その方法は、我が拳で相手の両眼の間を突くか、胸部を突くか、胸骨の少し下のところを突くか、足先で相手の睾丸を蹴るかをすることが最も普通の仕方
4. 固とは、相手の喉か胴かを絞めて苦しめるか、殺すかすることと、相手の体とか四肢とかの全部か局部を抑えなり押しなりして苦しめるか、起きられぬようにするかのことと、相手の関節を無理に伸ばすか曲げるかまたは捩じるかして倒すか、苦しめるか、殺すかすることのうち、いずれかをすること

　如何ですか。人を殺そうと思えば殺すことが出来、傷めようと思えば傷めることが出来る技術ということが、良く分かると思います。まさに肉体上で

人を制し、人に制せられざる術、即ち武術としての柔道です。
　しかし、これは同時に非常に危険な技術でもあります。練習はどのように
やるのでしょうか。練習するたびに殺傷する訳にはいかないでしょう。

　「実際の勝負に効験のある手は普段は危険で出来ませず、普段致しても
　危険でない手は実際の勝負に効験の少ない訳でございますから、勝負法
　はもっぱら形によって練習致さねばなりませぬ。しかし始めから一種の
　約束を定めておいて、ごく危険な手だけは省き、また打ったり突いたり
　する時は、手袋の様なものでも嵌めて致しますれば、勝負法の乱取もず
　いぶん出来ぬこともございませぬ。形ばかりでは何分真似事のようでし
　て実地の練習の出来の悪いものですから、その欠を補うためには、やは
　り一種の乱取があった方がよかろうと思われます[4]」

　上述は師範が述べているものですが、「形ばかりでは何分真似事のようでし
して実地の練習の出来の悪いものですから、その欠を補うためには、やはり
一種の乱取があった方がよかろう」という意味は、勝負法としての乱取があ
った方が良い、と解釈することが出来ましょう。
　戦後73年、今日の柔道に、ここで言われる勝負法としての乱取はどこに
在りましょうか。全く、と言って良いほど見当たりません。ここに現在将来
の柔道の在り方に関する問題の所在が見て取れましょう。未来永劫、柔道は
競技スポーツ一辺倒の柔道で良いのでしょうか、という問題です。
　普通、我が国で武術と言った場合、武家政権時代、武士と呼ばれる人々が
命を懸けて闘うときに用いられた戦闘技術のことを指す、という意味で本章
を進めます。これは又如何に敵を倒すかの戦略・戦術でもあります。勿論、
競技規程などとは縁のないものです。敵を倒さなければ自分が倒されてしま
うのであり、それは死を意味することと言えましょう。武術の理とは、相手

を殺傷する上で無駄なく、身心の力を最も有効に使用する理ということになりましょう。

　翻って現在、柔道と言えばオリンピック正式種目にもなって、押しも押されもせぬ国際的競技スポーツとしての格を備え、約200の国と地域（国際柔道連盟、2018年10月現在）に広がり、世界の多くの老若男女を熱狂させています。シニア、ジュニア、カデの世界選手権大会が毎年開催され、特にシニアでは男女でチームを組んで団体戦を行う迄になっている現況です。故にも、今日、世界各国の柔道関係者は、オリンピックを頂点として各種国際大会で好成績を収めるべく、日々、青春を、人生を懸けて厳しい練習に取り組んでいるのが現在の柔道の主たる姿だと言っても過言ではありません。

　しかし、それが柔道の全てかと言えば、上述した嘉納師範の説明にあるように、そうではないということを理解しておきましょう。

3、応用の実際

　武術は「効験」があって意味があり、実際に利かなければ意味がないということになりましょう。では、柔道修行者の実践とは如何なるものなのでしょうか。事例を挙げて、武術としての柔道を考えてみましょう。ここでは相手を制した例、命を捧げた例、命を落とした例を挙げてみました。

（1）相手を制した例
1）秋葉原事件　2008年6月8日正午30分過ぎ、東京都千代田区外神田4丁目の神田明神通りと中央通りの交わる交差点で、元自動車工場派遣社員、加藤智大（かとうともひろ）（当時25歳）の運転する2tトラックが、西側の神田明神下交差点方面から東に向かい、中央通りとの交差点に設置されていた赤信号を無視して突入し、青信号で横断中の歩行者5人を跳ね飛ばした。トラックは交差点

を過ぎて対向車線で信号待ちしていたタクシーと接触して停車。周囲にいた人々は、最初は交通事故だと思っていたが、トラックを運転していた加藤は車を降りた後、道路に倒れ込む被害者の救護に駆け付けた通行人、警官等17人を、所持していた刃物（ダガー）で立て続けに殺傷した。加藤は奇声を上げながら周囲の通行人を次々に刺して逃走。事件発生後まもなくして近くの万世橋警察署秋葉原交番から駆け付けた警察官が加藤を追跡し距離を詰めたところ、防護服を斬り付けられるなど命の危険に晒されるも、警棒で加藤の側頭部を殴り付けるなどして応戦し、最後には拳銃を抜き、銃口を加藤に向けて武器を捨てるよう警告し、応じなければ発砲することを通告した。それに応じて刃物を捨てた加藤を、非番でたまたま居合わせた蔵前警察署の警察官と共に取り押さえ、路地で現行犯逮捕し、身柄を拘束した。約10分間の出来事だった[5]。

2）大宮で賽銭泥棒取り抑えられる　大宮で、寺の賽銭が盗まれる事件がしばしば発生していたある日、現職の女性警官がある寺で賽銭泥棒に偶々出くわした。警官は柔道の技の一つ、大腰で投げ、抑え込み、泥棒の身柄を確保、現行犯逮捕に結びつけた（平成30年6月30日、埼玉県柔道連盟にて筆者取材）

（2）命を捧げた例
1）廣瀬武夫（ひろせたけお）　軍人。海軍中佐。豊後竹田生まれ。ロシア駐在武官。日露戦争の際、旅順港口閉塞作戦の福井丸を指揮、退船の際、上等兵曹杉野孫七を捜索して引き揚げる途中戦死。軍神として文部省唱歌にも歌われた。1868－1904（広辞苑、1991）
　廣瀬武夫は、柔道関係者と多くの日本国民を感動させた人です。
　廣瀬は学術研究軍事視察の目的でロシアに留学しました。彼の純朴な人柄

は異性同性を問わず、多くのロシア人に慕われ、また敬われました。紅毛碧眼のアリアズナ・コヴァレフスカヤは廣瀬に恋をし、軍人ボリス・ヴィルキトゥキーはタケニイサンと呼んで廣瀬を慕いました。しかし、廣瀬には、帰国後、アリアズナともボリスとも再会出来ない運命が待っていました。日露戦争が再会の機会を奪うのです。

　ペテルブルクを去る廣瀬は、内地から命じられた通り、極寒のシベリアを馬ぞりで単騎横断[6]しました。日露戦争に際して廣瀬に与えられた任務は、ロシア軍港であった旅順港の入り口に船を沈め、敵艦隊の出入りを遮断することでした。ところが２度目の作戦遂行中、姿が見えなくなった部下の杉野兵曹長を懸命に探していて最中、敵の砲弾を受け、壮烈な最期を遂げました。

　当時の多くの国民は、廣瀬の戦死を心から悼むと共に、この指揮官の部下に対する情愛の深さに感涙し、文部省唱歌「廣瀬中佐」にその名を留めた程です。廣瀬に敬慕の念を寄せる人々は、交戦国であるロシアにも数多くいました。

　「これは国と国との戦いで、あなたに対する個人の友情は昔も今も少しも変わらない。いや、こんな境遇のうちに居るからこそ、却って親しさも湧いて来る。平和が回復するまではかねて申し上げたように、武人の本懐をお互いに守って戦い抜こう。さらば我が親しき友よ、いつまでも健在なれ[7]」。

　この手紙を発信した後、廣瀬は旅順港に沈める船の船橋にロシア語でサインを施しました。その文句は、「尊敬すべきロシア海軍軍人諸君、請う余が名を記せ、余は日本の海軍少佐廣瀬武夫なり[8]」。これは廣瀬にとって成し得る精一杯の友情のサインだったのでしょう。

　日露戦争で壮烈死した廣瀬は、戦後、軍神となりました。講道館四段であった廣瀬は、追贈六段に昇段。嘉納師範は特に廣瀬に追悼の辞を送られました。

　日露戦争とは、我が国存亡の命運を懸けた戦いであり、この戦争に勝利し

たが故に、今日、私達がこうして日本語を話し、日本文化を継承し、祖国の繁栄を享受して生きていられると言って過言ではないでしょう。柔道と深く関わっていたこともあり、柔道関係者が忘れてはいけない歴史の1頁であると言えましょう。講道館紅白勝負で5人抜きの熱戦を演じたことでもその勇名が知られています。

2）ジェレミー・グリック

　実業家。米国人。学生時代、米国学生柔道チャンピオン。2001年9月11日、仕事で乗ったユナイテッド航空93便がハイジャックされた。同時多発テロの一機で、機は米国政府中枢部のワシントンD.C.をめがけて飛んだ。ジェレミー・グリックほか一部の乗客は、コックピットに突入し、機をペンシルバニア州ピッツバーグ郊外の森へ墜落させ、命を懸けて政府中枢へのテロを防いだ。乗客37名乗員7名全員死亡。享年31。

　2001年9月11日に米国で起きた同時多発テロは、テロの世界史などが書かれたならば、特筆大書して掲載されることでしょう。米航空機4機をハイジャックした自爆テロは、全世界を震撼させました。テロと戦った乗客の一人に柔道の学生チャンピオンがいました。

　以下は事件直後、2001年9月16日、筆者の友人（米国人大学教授）から送られて来た新聞記事（英文）を、当時、筆者が翻訳したものです。
「『操縦室へ突入する』、と西ミルフォードの男性、ハイジャックされた機中より妻に別れの携帯電話」2001年9月13日　ピーターJ.サンプソン記者

　　ユナイテッド航空93便の乗客であったジェレミー・グリック（31）は、誕生間も無い愛娘の世話を宜しく頼む、とハイジャックされた機中より妻に携帯電話で言い残した。彼は幾人かの乗客と共に、ハイジャックされた93便の操縦室へ死を覚悟の突入を決意したからである。決死

のこの突入で、テロリスト達の目標とする首都ワシントンへの自爆攻撃を阻止する為に——。

　ニューワーク発サンフランシスコ行きユナイテッド航空93便の大きな機が、ピッツバーグ南東に墜落する前、約30分の間、ジェレミー・グリックは機中より西ミルフォードの家に居る妻リズベスに携帯電話を掛けていた。
　彼女の父親と会った司法官達の聴取によれば、ジェレミー・グリックは妻に、ナイフを持つ3人のハイジャッカー達が自爆の使命を帯びたテロ集団であること、自分達で操縦かんを握っていること、そして、米国本土へ他の何機かと共に自爆攻撃を仕掛けると乗客達に告げていたこと等を話した。
　またジェレミーの実姉であるジェニファー・グリック（36）は、水曜日、サドル川北に在る両親の家で行われたインタヴューにこう答えた。「ジェレミーは米国内の何箇所かで同時にやる自爆作戦だと言うハイジャッカー達の言葉を聞いて、妻に世界貿易センタービルに何か起きていないか、としきりに尋ねた」。
　それは火曜日、午前10時頃のことだった。ボストンを出発直後、ハイジャックされた2機が既にマンハッタン南に在るツインタワー・世界貿易センタービルに突っ込んでいたのである。
　「何処を狙っていたのか、現段階で確かなことは言えないが、これ迄耳にした報道に拠れば、93便の目標はホワイトハウスか、もう一つ別の重要な場所…」、とニューヨーク市の弁護士でもあるジェニファー・グリックは続けた。更に彼女は、ジェレミーがハイジャッカー達は赤いバンダナを額に巻き、浅黒い肌をした中近東の人間であり、ナイフを振り回し、彼等が持っている赤い箱は爆弾だと凄んだことや、乗務員や乗客

を機内後部に押しやり、お前達も一緒に死ぬのだと言った、と妻に連絡していたことなども明らかにした。ジェレミーは遂に、乗客2、3人と力を合わせ、テロリスト達を抑える為の計画を考えた、と携帯電話で妻に伝えた。

「ジェレミーと協力者の乗客達はハイジャッカー達に飛び掛かろうと考えた。そして彼はそのまま電話を切らないで実行に及んだので、操縦室に突入したことが明らかに分かったのである。それから飛行機を墜落させたか、或いは飛行機がそのまま墜落して行ったのである。突入の際、如何なる状態となったのかは解らない」と、姉ジェニファー・グリックはインタヴューに答えている。

ジェニファーの夫であるダウグ・ハーウィット氏の談。「ジェレミーはテロリスト達の居る操縦室に突入することは、彼自身は勿論のこと、機内全員の生命の終わりを意味することを知っていた。しかし、それが私の義弟ジェレミーなんだ。彼は責任感の強い勇士なんだ」。

ユナイテッド航空93便は、ハイジャックされた4機の中で、唯一、大きなターゲットを外した機である。捜査官達は、或る乗客達の行動が、ひょっとすると今回のテロで考えられる最大級の悲劇を阻止したのではないか、と述べた。

民主党幹部でペンシルバニア選出の下院議員ジョン・マーサ氏は、防衛費支出委員会で次のように述べた。「この度のペンシルバニア墜落事故では、操縦室内でテロリスト達と乗客の間で格闘があったこと、及び機がワシントンD.C.に在る重要な目標に向けられていたこと等が確実である。格闘があったことは確実であり、勇敢にも誰かが機の行く先をワシントンから避けたのである」。

ジェレミー・グリックは技術系会社の営業社員で、仕事の為、サンフランシスコに向かう途中だった。彼は6人兄弟姉妹の3番目で、彼等は

名前にみんな'J'の頭文字を持っている。ジェレミーは中学校時代からのガールフレンドと結婚し、子宝に恵まれぬ長い間を経て、遂にこの6月18日、女の赤ちゃんであるエマーソンを授かった。

姉ジェニファーは言う、「彼と妻のリズはお互いを敬愛していた。そして、彼は誕生間もない娘のエマーソンを寵愛していた」。

弟のジェッド（23）も同感で、「兄は良い人生を送っていた。父親である事を好んでいたし、まさに良い父親になろうとしていた。そんな父親を見ることの出来ないエマーソンが気の毒でならない」。

姉は続ける。「ジェレミーはスキーや水泳の得意な子で、いつも仲間のヒーローだった。誇りを持ち、人の面倒を良く見、常に事の最善を尽くす人生を心掛けていた子だった」。

彼はサドル・リバー・デイ上級校、ローチェスター大学と進学し学生柔道チャンピオンであった。

ジェレミー・グリックは、話し方教室の先生である母ジョアン、ニューヨーク市の工業会社に勤める父、そして兄弟のジャレッドとジョナ、妹のジョアンナ達に先立った。

姉ジェニファー・グリックは最後に懸命に涙をこらえながら、弟ジェレミーとの断腸の別れを次のように語った。「弟は妻のリズに、幸せにならなければいけないよ、娘のエマーソンを大切にしてくれ、と言い、私達家族、即ち両親や兄弟姉妹、そして甥たちを心から愛している、と言った」（邦訳 筆者2001/09/18）。

以上の例は、柔道を修行した人が背負投とか大外刈とか、具体的な技を用いた訳ではありません。では何を用いたのでしょうか。挺身、即ち命の宿る身心全てを用いたのです。その原動力は何だったのでしょうか。精神です。どのような？　目的達成の為に立ち向かう精神、特に勇気です。ではその勇

気の源は、一体何だったのでしょうか。

　廣瀬武夫の場合は兵士の生還であり、ジェレミー・グリックの場合は国家の救済です。共通していることが分かります。それは共に見捨てておけない、という究極とでも言うべき義と情です。人間は真にこの次元に至ると、命を懸ける、ということを示しているものと思われます。これを端的に換言すれば、武術としての柔道とは命懸けである、という覚悟が要る、と言うことでしょう。

(3) 命を落とした例
1) 中村橋駅派出所警察官殺害事件
　1989年5月16日午前2時50分頃、東京都練馬区にある警視庁練馬警察署中村橋派
　出所＝西武池袋線中村橋駅南口の近くで、勤務中の巡査（当時30歳。殉職により警部補へ二階級特進）が、派出所脇にあった放置オートバイを移動させていた際に近づいて来た若い男に職務質問していたところ格闘になり、サバイバルナイフで刺された。そこへ警ら勤務から戻って来た巡査部長（当時35歳。殉職により警部へ二階級特進）が叫び声を聞いて駆け付けたところ、男は駆け付けた巡査部長の胸や背中などを刺し、何も盗らずに逃走した。巡査部長は拳銃3発を発射。その後、派出所に戻って非常ベルを押したところで力尽きた。2名の警察官は病院に運ばれたが、出血多量で死亡した。

　犯人の逃走経路には、凶器となったサバイバルナイフや双眼鏡のキャップ、軍用の特殊な軍手や着衣などの遺留品が捨てられていた。また事件後、警察官殺しを祝す声明文が送られるなど、挑戦的な行動が見られた。現場に遺された双眼鏡のキャップは同年4月に発売されたばかりの製品で、まだ販売数が少なかった。逮捕後、池袋の家電量販店で購入されたことが判明した。

　警視庁は被疑者として元陸上自衛隊陸士長（当時20歳）の男を逮捕した。

被疑者の自宅

　アパートは、現場の派出所まで500mの距離であった。捜査段階で被疑者が述べた動機は、銀行強盗で大金を得て良い生活がしたかった、現金輸送車を襲撃する準備として警察官の拳銃を奪おうとした、というものであった。

　被疑者は自動車運転免許を取得したり、大型二輪車を購入するなどの準備をしていた。犯行時には前日から派出所裏で待ち伏せし、警察官が一人になる機会をうかがっていたことも明らかになった。

　被疑者の家庭環境は複雑であり、9歳で両親が離婚して母親に引き取られ、後に母親が別の男と再婚したが夫婦喧嘩が絶えず、高校卒業直前にまた離婚した為、大学進学をあきらめ自衛官に任官した。教育訓練後、静岡県御殿場市の滝が原駐屯地に配属され、「粘り強く攻撃能力に優れている」と評価される真面目な自衛官であったが退職した。その後、都内でフリーターをしていたが、貧乏生活から抜け出す為に本件犯行を計画した[9]。

　警察官2名は刺され、命を落としました。拳銃を用いたにもかかわらず……。

2）東村山警察署旭が丘派出所警察官殺害事件

　1992年2月14日午前3時20分頃、東京都清瀬市旭が丘2丁目にある警視庁東村山警察署旭が丘派出所で巡査長（当時42歳）が血を流して倒れているのを、近くの新聞配達員に発見された。巡査長は頸、胸などを刺されており、病院に搬送されたが午前4時頃、死亡が確認された。通常、交番勤務は2人一組で待機しているが、他の警察官はその当時通報を受けた別の一件に出ており、巡査長のみの状態となった隙を狙った犯行であった。巡査長の拳銃（S&Wチーフスペシャル。実包5発入り）は奪われた。警視庁は強盗殺人事件として捜査本部を設置。殉死した巡査長は当日付で警部補へ二階級特進した。また東京都知事から知事顕彰（顕彰状と見舞金100万円）が贈

られた。

　その後の捜査で派出所の机の上に管内の住所が書かれた「警察参考簿」が出ていて、道案内の地図も書かれていたことから、犯人は道を尋ねるふりをして襲ったとみられた。また司法解剖の結果、死因は左の首を刺されたことによる頸動脈損傷と判明。拳銃をつるすひもが切られていたことから、鋭利な刃物が使われたとみられた。

　1989年5月に練馬区で発生した中村橋派出所警察官殺害事件の際に、犯人が「拳銃を奪って強盗するつもりだった」と供述していたことから、拳銃を使った第2の犯行が警戒された。しかし、その後奪われた拳銃が使われた形跡はなく、犯人像にはガンマニアの犯行などの説も出た。事件当日、服に血を付けた2人組の男を見たなどの目撃証言があったものの、単独犯か複数犯かは判明せず、拳銃や犯人の遺留品なども見つかることはなく捜査は行き詰まった。

　2006年2月14日、公訴時効まであと1年と迫ったことを受け、東村山署防犯協会は犯人検挙に最も貢献した情報に対して懸賞金300万円を支払うことを決定した。しかし、2007年2月14日午前0時に公訴時効を迎えた。

　現在、殺人事件としての捜査および懸賞金の支払いは行っていないが、奪われた拳銃の捜査は継続されている[10]。

　如何でしたか。資料に目を通して、悲しみを禁じ得ません。治安に務める警察官が一般の人に刺殺されたのです。大変気の毒な事としか言いようがありません。

　しかし、武術としての柔道から見れば、厳しいですが、敗北例と言わざるを得ないのではないでしょうか。冒頭にも述べましたが、武術は「効験（こうけん）」（嘉納師範）があって意味があり、実際に利かなければ意味が無いということになりましょうから。

4、嘉納師範の武術論

　武術としての柔道について、嘉納師範はどの様な考えを持っていたのでしょうか。以下、何点かの言説から紐解いてみましょう。
　資料は大正14（1925）年～昭和10（1935）年のもので、師範の思想も成熟したと思われる時期のものです。

　　1．講道館柔道は、今日は誰もが知っているように、往時の柔術から進化した文武の道の修行である。往時の柔術は、剣、槍、弓、馬等の諸術と相対した一種の武術であったには相違はないが、剣術と槍術との区別が、一は剣をもってし、一は槍をもってするとか、弓術と馬術との区別が、一は弓を持ち、一は馬を用いるというふうに、他の武術と劃然（かく）区別の出来るものでなかった。もし剣術が剣を使用し、槍術が槍を使用して練習する術であるように、柔術が無手で練習する術ということに極っていたならば、劃然たる区別が出来たのであるが、実際柔術では無手で練習するばかりでなく、木刀袋竹刀なども用い、またそれら以外の武器を用いても差し支えないのであるから、種々の武術を総合したものであると言うことも出来る。ことに柔術の柔という字は、剣とか槍とかいうような一種の武器の名称でもなく、また何らの武器も用いないという意味の文字でもない。それは相手の力に反抗せず、順応して勝つ術という意味であるから、無手の場合にも、剣や槍を持って練習する場合にも、同じようにその理屈が当嵌（あてはま）るのである。

　　またただ名称だけから言えば、柔術の理屈が対手の力に順応して行動するだけのことに止まっているように思われるが、その実際を緻密に考えてみると、対手の力に順応して行動することは、ただその一部の技に

止まるのであって、対手がじっとしている場合にこちらから攻撃することもあれば、対手が退く場合に、その退却の速度より一層速く追撃して行くようなこともある。要するに柔術は、その目的を果たすために有効であれば、如何なる手段を用いても良いという訳になる。そこで柔術を武術として見れば、攻撃防御を目的として心身の力を最も有効に使用する術であるという定義が下し得られることになる。この定義によれば、剣を用いようと、槍を用いようと、無手でしようと、それはその時々の便宜の問題で、攻撃防御を目的として心身の力を最も有効に使用するという理屈の応用さるるものは、ことごとく武術としての柔術であると言わねばならぬ。この理屈を推して論究してみれば、剣術は剣をもって修行する柔術となり、槍術は槍をもって修行する柔術となるのである。もし柔術が、かく諸般の武術を包含するものであるならば、何故に今日、柔術を教えている道場において、無手術と同時に諸般の武術を教えぬのであるかと問うものがあるかも知れぬが、それに対しては、かく答えるのが至当であると思う。柔術は諸般の武術を包含していることは勿論であるが、人は生まれてから死ぬまで常に無手でいるのだから、先ず自分の身体を自在に働かすことの練習をし、種々の攻撃に対して無手で応じ得るように修行することが必要であるからである。

　武術と言うてもその種類は甚だ多く、中には実用上、殆ど価値のないものもある。撃剣の如きは、種々の点に於いて価値のあるものと認めるが、そういう武術は、今日既に独立して盛んに行われているから、柔術の道場においても特に急いでその施設をせねばならぬほどの必要を認めない。しかし、撃剣のごときも、追々改良を加えなければならぬから、そういう必要から、柔術の道場の中にも設けらるることになろうと思う。そういう訳で、撃剣などは必要とする一であるが、棒術のごときは一層必要であって、最も早く柔術の道場の一科として採用されねばならぬ。

何故ならば、人間は無手でいる場合に次いで、杖なり蝙蝠傘なりを持っていることが多いから、実用上、それらを使用することを心得ている必要があろうと思う11)。

　ここでは武術として棒術の有効性を説いています。その理由は、人間は無手でいる場合に次いで杖なり蝙蝠傘なりを持っていることが多いから、実用上、それらを使用することを心得ている必要があろう、という考え方からです。

　2. 講道館の事業　武術としての柔道12)
　国家の隆盛は文に待つことが多いのであるが、また武を忘れてはならぬ。国民が武的の鍛錬を欠けば柔弱に流れ、個人としては他人の侮りを受け、国家としては他国の軽侮を免れない。それ故にいずれの国民も文を修むると共に武を尚ぶのである。個人が敢為〔物事を押し切ってすること〕の気象〔気持ち〕と自己を防衛する力とを養うために武術を必要とするように、国家もまたその威信を維持するために陸軍・海軍・空軍の備えを必要とする。陸・海・空の諸軍は、国家の施設に委ねるを適当とするが、個人の必要とする武術は主として私設の道場においてこれを研究し、これを指導すべきものと信じるが故に、講道館は武術の研究所を設け、我が国固有の武術を基礎とし、諸外国の武技を参酌して研鑽大成し、平素武技を練習し、士気を鼓舞し、常に国体を擁護し、正義を援助し、邪悪を排除するの精神を養い、一朝事ある時は全国民をして国家の為にその心身を靖献〔誠意を捧げること〕するの覚悟を有せしめんことを期するのである。武術としての柔道は無手術は勿論、剣術・棒術・槍術・弓術・薙刀その他あらゆる武術を包含する訳であるが、武術の中には体育としても実用上にも比較的多くの価値を有するものがある

から、講道館は主としてそれらの武術を研究し指導する方針である。それで当分無手術に重きを置き、これに剣術と棒術を加うる所存であるが、剣術・棒術はいずれも価値あるものと認むるが、剣術の試合の練習は既にかなり世間に普及しているから、差し当たり無手術の他には剣術及び棒術の形を以ってするつもりである。そしてこの武術の研究においても指導においても、講道館の一貫した方針である精力最善活用の応用である。

ここでもまた棒術が登場しています。師範の棒術に対する高い評価が見て取れます。

　3. 講道館は武術として見たる柔道に対しては、将来如何なる施設をするつもりかというに、先ず権威ある研究機関を作って、先ず我が国固有の武術を研究し、又広く海外の武術も及ぶ限り調査して、最も進んだ武術を作り上げ、それを広く我が国民に教うることは勿論、諸外国の人にも教えるつもりである[13]。

　4. 講道館においては、武術の部門においては今日まで行って来た棒術の練習を継続し、追々剣術の研究をも始め、当身術のごときも従来に比し一層深き研究を遂げたいと考えている。よってそれらの研究に志ある者は、その志望を申し出ておくが良い。
　体育においては攻防式国民体育と称して、既に発表している精力善用主義に基づいた国民体育を一層深く研究し、これを広く国内に普及し、国民の体力増進の為と、国民に武術の素養を与うることに努めたいと思っているのである[14]。

当身の研究をして国内に普及し、国民に武術の素養を与えたいという考えです。柔道の創始者はそういうことを考えていたのです。

 5．柔道の一部門は武術である。柔道を武術として見るときは、これに勝るものが何処にあり得るか。我が国においては勿論、世界各国に種々の武術がある。しかし殆どみな或る一種の武器を使用してするものであって、柔道のごとく無手で勝負を決することを原則としながら、必要に応じて如何なる武器をも使い得る仕組みのもののあることを知らぬ。西洋のボクシングや支那の拳法のごときは、何ら武器を用いず闘う一種の武術であるが、柔道は拳を用いると同時に刀でも棒でも用い得るのであって、勝敗を決する上において、有利なることは論を待たぬのである。私は在来世に行われている武術を軽んずる考えは毛頭ない。ボクシングも、剣術も、棒術も、みな価値あるものと認めるが、それらは柔道の一部として初めてその価値を発揮するものであるということを信じている。それ故に、それらの練習は、人に勧めて良いことと思うが、柔道を学ばず、単独にそれらを学ぶことの不利なることを主張するものである[15]。

柔道の原理は、身心の力を最も有効に使用する、ということでしたが、師範は修行者に向かって、この原理を学んで初めてボクシングや拳法、剣術や棒術等その価値を発揮するものであると述べています。柔道の原理を学び、それら武術の練習に取り組んで欲しいと主張しているのです。これを逆に言えば、柔道の原理こそ武術の本であるということです。

 6．私は若い頃、大嶋という人について柳生流の棒術を学んだことがある。学んだというものの、他人に語り得るほどの修行をしたのでないから、平素そういうことはあまり口に出さなかった。しかしその頃から、

棒術は修行するだけの価値のあるものと考えていた。その訳は、昔でも理屈は同様であったが、今日においては武術のうち、柔術と棒術と剣術とが、広く多くの人に学ばしむるに適当のものであると思う。
　社会の実際を見ると、老若男女の区別なく、職業の如何を問わず、職務上帯剣している少数の人を除けば、皆いずれも武器を携えていない。だから不時に何事か起った場合、無手で攻撃防御の出来る武術が一番役に立つ。そういう点から見れば、剣術は比較的価値は少ないが、我が国においては長年重んぜられ来たった武術でもあり、また指導さえ宜しきを得れば精神修養の法として、柔術と同様貴重なものであると信ずる。しかし、このほかに棒術というものがあって、それが柔術に次いで人切なものであるということを、世人の多くは忘却しているようである。故にもし棒術を今日のままで捨てておけば、折角我が国に発達した斯　術〔この術の意〕は、あるいは消滅してしまいはせぬかとも懸念されてきたのである。
　そこで八年ほど前から、講道館で有志を募り、千葉県から香取神道流の玉井幸平、椎名市蔵、伊藤種吉、久保木惣左衛門らの先生を頼み、棒術の練習を始めた。それから四年ほどして、福岡から神道夢想流の清水隆次氏を聘して、斯術の練習を続けている。今日では既に日置、武田両氏その他にも段々中心となって初心者を指導し得る向きも出来てきたから、この度、更に五十人ほど新たなる志望者を募り、講道館の大道場において従来よりも一層大規模に練習をさせることにした。
　この後なお従来その力を藉りなかった棒術の大家も聘して、在来の柔術諸流からその粋を抜き、更に研究を重ねて、私が在来の柔術諸流を基礎として今日の講道館柔道を大成したように、講道館柔道の一部門として講道館棒術を大成し、広く全世界に普及したいと考えているのである。
　かく私が棒術に力を入れるようになったのは、無手で出来る武術が一

番価値のあることは、前述の通りであるが、それに次いでは一層得られやすい武器をもって攻撃防御することの出来るのが次に価値あるものと信ずる。槍や長刀よりも剣術が良いように、剣より一層得られやすい武器をもってする武術は、一層必要が多いと言い得られるのである。人は平素、杖やステッキや蝙蝠傘などを携帯する習慣があり、また棒切れの様なものは、到るところに見当たるから、イザという場合、そういうものを利用して闘うことが出来る。そういうものは実際の場合役に立つのみならず、平素練習するにも都合が良い。

　何ごとも同様であるが、ことに武術には練習が必要である。私が普段人に語るように、武術としての当身術は、私の考案した「精力善用国民体育」に当身術を用いたため、大いにその効果を増すようになったと同様、いくら武術としての当身術を教わっていても、武術としてのみでは、練習の機会は体育として練習する程度に重ねることが出来難い。したがって技の冴えは、体育としての練習の結果として得られることになるのである。切ることも突くことも、多くの練習を経て初めて冴えが出来るのであるから、練習する道具の得られやすいということは、修行上重大な要件である。

　かく私は棒術を研究し、又普及することを決心したのであるから、広く全国の有志に、その地方地方に今日おられる斯術の先生に就いて、柔道の一部門としてなるべく早くその練習を始めることを勧める。講道館においては、今日練習している人々が一通り出来るようになったら、それらの人々を指導者として、広く世に普及することに努力するつもりである。ある年限の後には、今日柔道が全世界に普及せんとしているように、棒術も海外に発展する時期も早晩来るものと信じている[16]。

　師範は、無手で出来る武術が一番価値があり、次は棒術だと主張していま

す。その理由は、「社会の実際を見ると、老若男女の区別なく、職業の如何を問わず、職務上帯剣している少数の人を除けば、皆いずれも武器を携えていない。だから不時に何事か起った場合、無手で攻撃防御の出来る武術が一番役に立つ。そういう点から見れば、剣術は比較的価値は少ないが、我が国においては長年重んぜられ来たった武術でもあり、また指導さえ宜しきを得れば精神修養の法として、柔術と同様貴重なものであると信ずる。しかし、このほかに棒術というものがあって、それが柔術に次いで大切なものであるということを、世人の多くは忘却しているようである。故にもし棒術を今日のままで捨てておけば、折角我が国に発達した斯術は、あるいは消滅してしまいはせぬかとも懸念されてきた」から、消滅させないようにと考えたからです。そして、やがては講道館棒術を大成して広く世界に普及したいと考えていたことが分かります。

　しかし、その結果はどうだったのでしょうか。今日の柔道界を見渡してみれば、自ずと判ることでしょう。

　　7. 武術というものは、全ての人間が心得ておらなければならぬものである。昔の人は武術は武士のすることだと思っていた。今でも兵隊とか巡査がやりさえすればよいと思っている者があろうが、それは間違っている。それはそれらの人はそういうことを実際に用いる場合が多いというだけで、自己を防衛するということは、誰でも心得ておかなければならぬことである。

　国に国防が必要であるごとく、個人にも自己を防衛する方法が必要である。そうして見れば、軍人、警官のみに限ったものではない。人が自己を防衛する力を養うことを閑却しているから、往々乱暴者が出て暴力を以って人を脅して金を取ったりするようなことが行われる。自己を防衛する方法を知っており、正義の為には暴力に対抗するという気力を持

っていれば、暴力を以って人を脅迫しようとするものはなくなってしまうのである。またそういうたしなみがあり、そういう練習をしておらぬと、一朝外国と事を構えるというような場合に、国民が本当に国を護るということが出来なくなる。敵が怖くて逃げ出すような兵隊が出来てはならぬ。武術の練習で国の為には危険を冒しても戦うぞというような意気込みを養っておかなければならぬ。それには不断から練習しなければならぬという訳だから、武術も必要な練習である。
　道場における柔道も、武術と体育とに止まってはならぬと同時に、精神修養にも留意しなければならぬ——世間に柔術と柔道とを混同している人が多いが、その訳は、私が柔道を教える順序方法として、道場で形、乱取を教え始めたからであろうと思うが、柔道の稽古は単に形乱取の修行のみでないことは勿論であるが、この道に入るに形乱取からすることになっているから、一般の人から見ると昔の柔術と同じもののように見えることは無理もないことである。
　今日の柔道と昔の柔術との間において根本的の相違は、昔の柔術も先生次第では武士の精神を養うことも努めたろうが、眼目はどこまでも攻撃防御の練習であった。今日の柔道は、最初は形乱取を練習せしめて体育と武術を目的とするが、終局の目的は柔道の道を会得し、これを全生活に応用する方法を研究し、これを実行するにあるのである[17]。

　ここでは武術は全ての人間が心得ておかなければならない、と説いています。その理由の1つは護身です。乱暴者に暴力で以って脅され、金を盗まれたりしないよう、正義の為には暴力に対抗する気力が必要であると述べています。2つはこの気力を以って、一朝外国と事を構えるというような場合、国民が国を護る為です。その為には平素から武術を練習していなければ出来ないと説いています。武術の練習によって、国の為には危険を冒しても戦う

ぞ、祖国を護るために、という意気込みを国民誰もが養っておかなければならないと明言しています。往時の武士の一所懸命の精神と相通ずるものがここにあると言えましょう。一所懸命、即ち国（藩）の為に命を懸けるということです。

5、結論

　以上、武術としての柔道を、柔道勝負法として見て来ました。相手を制した例、命を捧げた例、命を落とした例、そして最後に嘉納師範の武術論を学びました。
　武術としての柔道の神髄は、身を護り正義を貫く気力、国を護る意気込みを養うことであり、共に命を懸けるというところまで含む厳しいものであることと言えましょう。

6、おわりに

　戦後73年の現代、我が国の柔道界を見て見ると、少年団、中体連、高体連、学柔連、そして実柔連までの試合が、国際柔道連盟IJFの試合審判規定で実施されています。これを端的に言えば、少年から大人までIJF規定に従い、競技スポーツに取り組んでいるということです。スポーツと言えば、そこに求められる精神とはスポーツマンシップと言われるものでしょう。スポーツマンシップとは何か。それをひと言で言えば、フェアプレイという言葉で表されることでしょう。
　柔道はスポーツでしょうか。Judo more than sportとは、欧州柔道連合EJUのキャッチフレーズです。柔道はスポーツ以上のもの、という意味でしょう。

スポーツマンシップと武術としての柔道で備え、養う精神と、一体それらは部分的に、或いは殆ど、又はすっかり重なるものなのでしょうか、それとも異なるものなのでしょうか。ここは大変興味をそそる研究テーマでしょう。

　創始者没後80年──。五輪競技大会正式種目JUDOとしてグローバル・スポーツという一面に特化して普及発展した柔道を前に、発祥国としては、現在将来の柔道の在り方について武術として、修心として、いま一度議論を深め、改めて柔道普及の道とは如何なるものなのか、闡明（せんめい）（教義などを明らかにすること）する21世紀にして行きたいと思います。

引用文献

1)「柔道一班並びにその教育上の価値」、『嘉納治五郎大系』第二巻、p.113、本の友社、1987
2) 同上書、p.113
3) 同上書、p.113
4) 同上書、p.118
5) 産経新聞平成20年6月9日付け──秋葉原無差別7人殺害、ウィキペディア、秋葉原通り魔事件、2018/07/18
6)「歴史街道」7月号、p.84、PHP研究所、2004
7)「教科書が教えない歴史」、産経新聞ニュースサーヴィス、p.84、2005
8) 前掲書、「教科書が教えない歴史」p.104
9) 産経新聞夕刊平成元年5月16日付け──警官2人刺殺される。ウィキペディア中村橋派出所警官殺害事件　2018/07/18調べ
10) 産経新聞夕刊平成4年2月14日付け──警官刺殺、短銃奪われる。ウィキペディア東村山警察署旭が丘派出所警察官殺害事件　2018/07/18調べ
11)「講道館柔道の使命」、『柔道年鑑』、講道館文化会、大正十四年一月　嘉納治五郎大系第一巻、本の友社、p.131-143、1987
12)「講道館柔道と講道館の使命及び事業について」、「作興」第五巻第三号、大正十五年三月　『嘉納治五郎大系』第一巻、本の友社、p.154-155、1987
13)「講道館の使命について」、「作興」第一巻第一号、昭和二年一月　嘉納治五郎大系第一巻、本の友社、p.161、1987
14)「講道館柔道の本質を説いて講道館員及び文化会員諸君の修養の方法に及ぶ」、「作興」第九巻第一号、昭和五年一月『嘉納治五郎大系』第一巻、本の友社、p.26-27、

1987
15)「柔道の使命を論じて修行者の融和結束を望む」、「柔道」第二巻第十号、昭和六年十月　嘉納治五郎大系第一巻、本の友社、p.32、1987
16)「講道館が有志に棒術を練習せしむるに至った理由」、「柔道」第六巻第四号、昭和十年四月嘉納治五郎大系第一巻、本の友社、p.44-47、1987
17)「柔道神髄」、「改造」第十七巻第六号、改造社、昭和十年六月　『嘉納治五郎大系』第一巻、本の友社、p.68-69、1987

第五章　形としての柔道

大島修次

1、形の歴史

（1）形制定の理由

　嘉納治五郎師範（以下、嘉納師範）は、天神真揚流柔術と起倒流柔術の形と乱取を学び講道館柔道を創りました。

　嘉納師範は明治10（1877）年、天神真揚流の師匠であった福田八之助、磯正智に当身技や固技を学び、起倒流柔術の飯久保恒年には投技を中心に学び、両流の師匠達からは形と乱取とを併せて指導を受けました。

　では、どのような理由で、今日行われている講道館柔道の形が制定されることになったのでしょうか。形ばかり研究していても、決まりきった順序で練習することから、もし相手から予期せぬ攻撃を受けた場合に対処することは難しくなります。相手がどんな技を仕掛け、どんな方法でくるかわからないことも想定しておくことが、試合では極めて重要です。そこで、嘉納師範は、形と乱取の両方を研究しました。

　しかし、形と乱取を同じようにやれば、多くのものは、乱取に身を入れて、形を閑却する恐れがあります。そこで嘉納師範は講道館を始めた当初は、形を切り離してほとんど教えていませんでした。乱取の合間に形を教えるとい

う方針をとりました。しかし、修行者が増えていくにしたがって、一人一人の指導に多くの時間を費やすことができなくなり、門弟に代稽古をさせなければならない状況になってきました。そこで、多くの人が一度に稽古ができる方法を考案する必要に迫られ、新たに形を制定する必要を感じました[1]。

(2) 形の制定

　嘉納師範は当初、天神真楊流及び起倒流の形を、昔のまま教えていたのですが、それぞれの長所を研究し、投(なげ)の形を作りました。投の形は、最初は10本でしたが、後に15本にしました。形を作った理由は、以前は、こうすれば相手の身体が崩れる、こう引けばこう浮くというように、色々な技を乱取の中で教えていたのですが、多人数の稽古において指導が届かなくなることから、数あるなかから代表的な技を選んで、比較的手を動かすことの多いものを三種類、腰を働かすことの多いものを三種類、足を働かすことの多いものを三種類、真捨身から三種類、横捨身から三種類選び、投の形としてこれを教えることにしました。こうして形によって、技の原理の大要を理解できるようになりました。

　固(かため)の形も現在は15本となっていますが、以前は10本でした。これも抑込と絞技、関節技から、代表的なものを選びました。こうして、投技の原理、固技の原則を、形によって理解させようとしました。極(きめ)の形は、それからやや後れて出来ましたが、現在は居取8本、立合12本、合計20本あります。これも最初は14、5本でした。投の形と固の形は、乱取の形とも呼ばれていますが、極の形は真剣勝負の形とも呼ばれています[2]。

(3) 武徳会における形の協定

　固の形と極の形とを現在のかたちに作り上げたのは、大日本武徳会に諸国から集まってきた柔術家達の協力に負うところがあります。明治39（1906）

年、大浦兼武子爵が武徳会会長であった頃、全国的に行われるような共通の形を作りたいという希望がありました。そして、嘉納師範に制定に関する相談がありました。嘉納師範は、範士の称号を与えられた柔術家戸塚英美、星野九門の両人とはかって、諸流柔術家を委員としました。そして嘉納自身が案を作り、それに基づいて協議決定しては如何かという意見を述べたところ、そのようにまとめてほしいとの返答を得ました。そこで嘉納師範が原案を作り、講道館の勝負の形をもとにして新たに何本かを加え、戸塚、星野両氏の三人が中心となり、諸流柔術の柔術家を委員としてまとめたのが、現在の居取8本、立合12本の極の形です。固の形も、もともと講道館で制定した10本に5本を加え、制定したものが現在行われているものです。投の形は、多数の委員の中で誰一人異見を述べる者もなく、従来講道館が行ってきたものをそのまま武徳会の形としたものであり、講道館の形ともしました[3]。

(4) 柔の形、剛の形

　柔(じゅう)の形は、武徳会の形として制定したのではなく、講道館の形であり、武徳会に於いても、その他に於いても広く行われていました。創案は、明治20（1887）年頃で、この形は色々の目的を同時に果たすことができるものです。まず、柔よく剛を制すという理合いを会得することができます。講道館の道場に修行者の少なかった時代は、力の入れ方、進み方、退き方等について、いちいち話を聞かせることができましたが、修行者が増えるに従って、同様の教授が行き届かなくなり、そうこうするうちに、力ずくでねじ伏せたり、無理な動作をするものも出てきました。その悪い習慣を正すためには、柔よく剛を制することの理屈を教え、相手が攻撃してきたら、自分自身はこれに順応して退き、相手が引きつけようとすれば、自分自身は引かれながらその力を崩すように、形の練習によって正しい進退動作を教えることが適当であると認めたのです。また、普通の乱取を荒々し過ぎるといって嫌がる人

もいます。こういう人には無理をさせることなく、静かに、滑らかに、身体四肢を働かせながら勝負の方法を会得させることがよいと考えました。また、柔の形は荒々しいものでなく、かつ、実際に投げたり倒したりもしないので、道場の畳がなくても、板の間でも土間でも、場所を選ばず稽古できるという便利さがあり、また、襟を握ったり、柔道衣を引っ張ったりしないでもできることから、特別に稽古衣を持っていなくても平服のままでもできるものです。同時にこう打っていけばこう避ける、こう突いていけばこうかわす、こう切りつけていけばこうはずす、こう手を握ってこれはこう離すというように、柔らかく静かなかたちで、真剣勝負の練習ができるのですから学ぶ者の興味をひきつけます。これも、明治20（1887）年頃は10本程度であったものが、その後、現在の15本になりました。

　この柔の形に対して、剛の形とも称え、また、剛柔の形と称した形があります。これは、最初は力と力とを戦わせ、その後に、一方が柔に転じて勝ちを制する仕組みの形です。一時はこれを道場で教えていましたが、改良すべき点があるということで、今は教えていません[4]。

(5) 五の形

　この他に、現在行われている形に五の形があります。最初の二本目は起倒流の形と趣を同じくしていますが、後の三本は昔の柔術には全くなかった性質のものです。

　昔の柔術にはなかったものを五の形として創始した理由とは何だったのでしょうか。嘉納師範は次のように述べています。

「一体交易というものは、昔はいうまでもなく物々交換であって、相手方に役立つものと、自らが欲しいものを交換することです。しかし、後に欲しいものを得るには貨幣が必要となり、そして、貨幣その物に価値のある貝殻、

金銀、銅、鉄のような、所詮硬貨を持ったが、遂には、貨幣その物には値打ちのない紙幣を持つようになった。

しかも、取扱上の便宜等から、硬貨よりは却って紙幣を喜ぶようになったのです。漸く進んでは、紙幣よりも一層、信用を重んずる様になったのです。信用は執ることも握ることも出来ない空なものであるが、売買には必要であり、便利なものであるから、実物以上に重んぜられるものになった。

この道理はどのような場合にも存在する。柔術を武術として見るときは勝ち負けの実際の目的にかなってこそ武術です。しかし、勝負に必要な要素として、落ち着きとか、身体の動作の敏活さや、熟練というものが、筋力という力以外に加わって、真の勝負が決まるもので、これらのものが、武術上尊重されていく。そこで、この落ち着き、熟練などというように、筋力の力から切り離して、それ自身に尊重させる。

昔から柔術で、起倒流、扱心流等の形になると、その傾きが非常に顕著になってきている。こういうような訳で、すぐれた形の先生が真剣勝負に於いて必ずしも常に勝ち得ないが、形としてすこぶる高尚な形となっている。そして、昔の柔術時代に於いてすでに、直接勝負の目的ではなく、その手段が貴ばれて、先に例をあげた、商売に於いて実物より信用を退けて貴ばれるようになることは事実です。この考えを推して進めて行けば、必ずしも、肉体的の勝負の目的が達成できなくても、巧妙にして優美な動作が尊重されるという道理が生じます。色々な意味で、水の動く形、天体の運行、その他、百般の天地間の運動を、人間の身体をもって巧みに表現することも尊ばれる。五の形の終わりの三本は、この意味合いからできた。」[5]

このようにして、柔術から柔道の形として変容していった形の歴史があるのです。

第五章　形としての柔道　115

2、「形」の種類

　講道館柔道では、投の形、固の形、極の形、柔の形、講道館護身術(ごしんじゅつ)の形、五の形、古式の形、精力善用国民体育の形、剛の形の９つの形が制定されました。但し、最後の二つは実際には練習されていません。
　以下、各形について見ていきましょう。

(1) 乱取の形──投の形・固の形
　投の形と固の形は、明治17、18（1884、1885）年頃制定され、投の形は最初は10本、後に15本になりました。固の形は最初は10本でしたが、後に15本となりました。この二つの形は、特に投の形は「乱取の形」とも称されています。
　投の形は投技の理合いを理解、体得させるために作られた形です。手技、腰技、足技、真捨身技、横捨身技の各々からその代表的な技を３本ずつ選び、作られたもので、各技とも、右技、左技双方を練習するようになっています。各々の技について最も効果的な崩し、作り、掛け、及び、受け方を練習することによって、投技の基本を身につけることができます。

　固の形は、抑技、絞技、関節技からそれぞれ代表的な技５本ずつを選んで組み合わされ、投の形と合わせて乱取の形と言われています。この形を学ぶことによって、有効な抑え方や応じ方、絞め方、関節の極め方等の術理を学び、その応用を身につけることができます。

投の形
手技（てわざ）

浮落（うきおとし）、背負投（せおいなげ）、肩車（かたぐるま）
腰技（こしわざ）
　浮腰（うきごし）、払腰（はらいごし）、釣込腰（つりこみごし）
足技（あしわざ）
　送足払（おくりあしはらい）、支釣込足（ささえつりこみあし）、内股（うちまた）
真捨身技（ますてみわざ）
　巴投（ともえなげ）、裏投（うらなげ）、隅返（すみがえし）
横捨身技（よこすてみわざ）
　横掛（よこがけ）、横車（よこぐるま）、浮技（うきわざ）[6]

固の形
抑込技（おさえこみわざ）
　袈裟固（けさがため）、肩固（かたがため）、上四方固（かみしほうがため）、横四方固（よこしほうがため）、崩上四方固（くずれかみしほうがため）
絞技（しめわざ）
　片十字絞（かたじゅうじじめ）、裸絞（はだかじめ）、送襟絞（おくりえりじめ）、片羽絞（かたはじめ）、逆十字絞（ぎゃくじゅうじじめ）
関節技（かんせつわざ）
　腕緘（うでがらみ）、腕挫十字固（うでひしぎじゅうじがため）、腕挫腕固（うでひしぎうでがため）、腕挫膝固（うでひしぎひざがため）、足緘（あしがらみ）[7]

(2) 真剣勝負の形──極の形・講道館護身術

　嘉納師範は講道館柔道を創始して後、まもなく柔術諸流の形と目的を同じ

第五章　形としての柔道　117

くする真剣勝負(しんけんしょうぶ)の形10本を作り、勝負の形と称えていました。その後、技法を改良し、14、5本に増やしました。

　師範はさらに柔術を研究し、嘉納師範自身の新たな工夫も加えて、明治39（1906）年、大日本武徳会に於ける形制定の際、居取8本、立合12本の計20本を原案として上程、討議させた結果、今日の極の形が作られました。

　極の形は、真剣勝負に有効な技を習得させるために作られたものであり、この形の修練によって、俊敏な体さばきと、最も適切な極め方を体得します。

極の形
居取（いどり）
　両手取（りょうてどり）、突掛（つっかけ）、摺上（すりあげ）、突込（つっこみ）、切込（きりこみ）、横突（よこつき）
立合（たちあい）
　両手取（りょうてどり）、袖取（そでとり）、突掛（つっかけ）、突上（つきあげ）、摺上（すりあげ）、後取（うしろどり）、突込（つっこみ）、切下（きりおろし）[8]

講道館護身術
　社会生活を送る上で必要と思われる護身の技術原理を示した形です。

　嘉納師範は講道館柔道創始後、数年を経て、真剣勝負のための「極の形」を制定しました。しかし、生活様式の大きな変化に伴い、時代にふさわしい護身の形の制定が要請され、昭和32（1957）年1月、諸武道の技法も参考にして講道館護身術が作られました。その技法は、無手あるいは武器を持って攻撃してくる相手に対して、すべて徒手で対応し、制するものであり、矛を止め、危害を最小限にとどめるという柔道の共栄的思想に貫かれています。

技術内容は「徒手の部」「武器の部」の２部門があり、「徒手の部」は「組みつかれた場合」７本、「離れた場合」５本の計12本で、「武器の部」は「短刀の場合」「杖の場合」「拳銃の場合」それぞれ３本の計９本で構成されています。何れの攻撃も行き合いを取るという実施に即した武術性の高い形となっています。

徒手の部（としゅのぶ）

組みつかれた場合

　両手取（りょうてどり）、左襟取（りょうそでどり）、右襟取（みぎそでどり）、片腕取（かたうでどり）、後襟取（うしろえりどり）、後絞（うしろじめ）、抱取（かかえどり）

離れた場合（はなれたばあい）

　斜打（ななめうち）、腮突（あごつき）、顔面突（がんめんつき）、前蹴（まえげり）、横蹴（よこげり）

武器の部（ぶきのぶ）

短刀の場合（たんとうのばあい）

　突掛（つっかけ）、直突（ちょくつき）、斜突（ななめつき）

杖の場合（じょうのばあい）

　振上（ふりあげ）、振下（ふりおろし）

拳銃の場合（けんじゅうのばあい）

　正面附（しょうめんづけ）、腰構（よこがまえ）、背面附（はいめんづけ）[9]

(3) 美育の形——柔の形・五の形・古式の形

　柔の形は攻撃防御の方法を、緩やかな動作で、力強く、表現的、体育的に組み立てられたもので、第１教から第３教までの各５本の計15本から成り立っています。

　柔の形の特徴をあげると次のとおりです。

1) 柔の形は、どんな服装でも、どんな場所でも、どんな時でも、自由に練習することができます。
2) 柔の形は、老若男女の別なく、誰でも楽しく柔道の理論を学ぶことができます。
3) 柔の形は、攻撃防御の動作を緩やかな動作で行うから、その理合いを正確かつ容易に学ぶことができます。
4) 伸筋を働かせたり、体を反らせたりすることが多いので、乱取と併せ行うことによって、体の円満な発達をはかることができます。
5) 自然な体さばきと、無理のない変化により、美的な情操を養うことができます。

第1教
　突出（つきだし）、肩押（かたおし）、両手取（りょうてどり）、肩廻（かたまわし）、腮押（あごおし）

第2教
　切下（きりおろし）、両肩押（りょうかたおし）、斜打（ななめうち）、片手取（かたてとり）、片手上（かたてあげ）

第3教
　帯取（おびとり）、胸押（むねおし）、突上（つきあげ）、打下（うちおろし）、両眼突（りょうがんつき）[10]

五の形（いつつのかた）
　嘉納師範が明治20（1887）年に制定され、柔道の攻撃防御の理合いを高尚に表現し、5本まで作られたので「五の形」と称しています。個々の技には名称がありません。この形は、天地自然の姿、その理をかたどって柔道的に表現した芸術味のあふれた形です。

　一本目（いっぽんめ）、二本目（にほんめ）、三本目（さんぼんめ）、四本

目（よんほんめ）、五本目（ごほんめ）[11]

古式の形（こしきのかた）

　嘉納師範が、講道館柔道を創始される以前に学ばれた起倒流が技術的にも形の理論においても、精神の修養の上においても非常に有効適切であると認められ、その形を概ねそのまま遺されたものです。

　この形は、往時の武士が甲冑を身に着けた鎧組打ちの投技を主としたもので、表の形14本、裏の形7本から組み立てられています。表は心を平静にして荘重優雅、一挙一動に攻撃、防御を正確にし、裏は敏速果敢に動作し、柔道における攻防の理を発揮した深淵な形です。

表（おもて）
　体（たい）、夢中（ゆめのうち）、力避（りょくひ）、水車（みずぐるま）、水流（みずながれ）、曳落（ひきおとし）、虚倒（こだおれ）、打砕（うちくだき）、谷落（たにおとし）、車倒（くるまだおれ）、錣取（しころどり）、錣返（しころがえし）、夕立（ゆうだち）、滝落（たきおとし）

裏（うら）
　身砕（みくだき）、車返（くるまがえし）、水入（みずいり）、柳雪（りゅうせつ）、坂落（さかおとし）、雪折（ゆきおれ）、岩波（いわなみ）[12]

（4）攻防式の形——剛の形・精力善用国民体育

　剛の形は明治20（1887）年、柔の形に対して作られた形で、力と力を戦わせ、片方が柔に変換して勝つことです。未完成の形であることから現在では講道館で指導はしておりません。

　背負投（せおいなげ）、後腰（うしろごし）、掬投（すくいなげ）、左背負投（ひだりせおいなげ）、浮腰（うきごし）、裸絞腰挫（はだかじめこしくだき）、飛越浮腰（とびこしうきごし）、大外落（おおそとおとし）、後腰

（うしろこし）、肩車（かたぐるま）

精力善用国民体育は昭和2（1927）年、嘉納師範によって考案されました。はじめは攻防式国民体育といいました。内容には、単独動作と相対動作と2つあります。精力善用国民体育は、打ったり、突いたり、蹴ったり、その他、無手で行う柔道の攻撃防御の技を、主として体育を目的として練習するように、一連の運動として組み立てられたものです。

単独動作（たんどくどうさ）

第1類（15本）

　五方当（ごほうあて）、大五方当（おおごほうあて）、五方蹴（ごほうげり）

第2類（13本）

　鏡磨（かがみみがき）、左右打（さゆううち）、前後突（ぜんごつき）、上突（うえつき）、大上突（おおうえつき）、左右交互下突（さゆうこうごしたつき）、両手下突（りょうてしたつき）、斜打（ななめうち）、斜下打（ななめしたうち）、大斜上打（おおななめうえうち）、後隅突（うしろすみつき）、後打（うしろうち）、後突前下突（うしろつきまえしたつき）

相対動作（そうたいどうさ）

第1類（極式練習・10本）

　居取（いどり）

　　両手取（りょうてどり）、振放（ふりはなし）、逆手取（ぎゃくてどり）、突掛（つっかけ）、切掛（きりかけ）

　立合（たちあい）

　　突上（つきあげ）、横打（よこうち）、後取（うしろどり）、斜突（ななめつき）、切下（きりおろし）

第2類（柔式練習・10本）

1教
　突出（つきだし）、肩押（かたおし）、肩廻（かたまわし）、切下（きりおろし）、肩手取（かたてどり）
2教
　片手上（かたてあげ）、帯取（おびとり）、胸押（むねおし）、突上（つきあげ）、両眼突（ぎょがんつき）[13]

(5) 競技のための投の形の説明

ここからは、立技の基本である投の形を説明します。

平成22（2010）年5月ハンガリーで開催された第2回世界柔道「形」選手権大会に（投）の部で筆者が出場したときの画像で説明します。

取・大島修次（筆者）、受・鴨治由貴

1) 礼法

試合会場に入る（資料1）30度の立礼。

最初、正面に向かって、取は左に、受は右に、約5・5メートル（約3間）の距離をとって直立し（資料2）、両者、正面に向かって同時に立礼をし（資料3）互いに向き合って（資料4）、座礼は、（左足から曲げる）（資料5-1～資料5-3）をします。続いて、取、受、互いに立ち上がり（右足から立つ）（資料5-4）、同時に左足から1歩踏み出して自然本体になり、（資料6）、更にお互い静かに前に進み手技に移ります。

第五章　形としての柔道

礼法（資料1）

礼法（資料3）

礼法（資料2）

礼法（資料5-1）

礼法（資料4）

礼法（資料5-3）

礼法（資料5-2）

礼法（資料6）

礼法（資料5-4）

2）手技（浮落・背負投・肩車）

A　浮落（うきおとし）

　取、受、お互いに歩み寄り約60センチメートル（約2尺）の間合いに入る（資料1）。

第1動

　受は、右足を前に踏み出し取と右自然本体に組もうとします。取は、この機を利用し、左足から継ぎ足で1歩後退しながら右自然本体に組んで受を引き出し、その前方に崩そうとします。受は体の安定を保とうとして、取の引きに応じ右足から継ぎ足で1歩前進します（資料2-1）（資料2-2）。

第2動

　取は、再び左足から継ぎ足で1歩後退し、受を引き出しながらその前方に崩そうとします。受は、体を安定させようとして取の引きに応じ右足から継ぎ足で1歩前進します（資料3-1）（資料3-2）。

第3動

　取は、更に受を前のように引き出し、受が取の引きに応じ右足を進め出てくるところを右足を急に大きく後方に引いて爪立てながら受を前方に崩し（資料4-1）、左膝頭を大よそ右足の後方線上左寄りについて（左脚下腿部と右足後方線となす角度は30度から45度）（資料4-2）両手で受をその前方に一気に強く引き落として投げます（資料4-3）。

　取は、立ち上がり、正面を右にする。受は、起き上がり正面を左にし、取と間合いをとって向き合い、次に、右同様に左自然体に組んで左「浮落」を行います。

浮落（資料1）

浮落（資料2-1）

浮落（資料2-2）

浮落（資料3-1）

浮落（資料3-2）

浮落（資料4-1）

浮落（資料4-2）

浮落（資料4-3）

B　背負投（せおいなげ）

　取はお互いに歩み寄り約１・８メートル（約１間）の間合いに入ります（資料１）。

　　　　　　　　第１動

　受は、左足を１歩前に踏み出しながら右拳を頭上に振りかぶり（資料２-１）、更に右足を１歩踏み出し、右拳（渦巻）で真向から取の天倒に打ちかかる（資料２-２）。

　　　　　　　　第２動

　取は、この機を利用し、左前腕部（内旋させる）で受の右上腕部を内から受け流しながら右足を受の右足の内側に進め、左手で受の右内中袖を握って受を前方に崩し、右足先を軸として体を左に回し（資料３）、右手を受の右脇下から外に出して肩先あたりを握り（資料４）、左足を受の左足の内側に引き、受の胸腹部に背中を密着させて背負う（資料５）。

　　　　　　　　第３動

　両膝を伸ばし、上体を前に曲げ、両手を下に引いて投げる（資料６-１～資料３）。取は、そのまま正面を右にして立ち、受は、起き上がり、正面を

第五章　形としての柔道

背負投（資料1）

背負投（資料2-1）

背負投（資料2-2）

背負投（資料3）

背負投（資料4）

背負投（資料5）

背負投（資料6-1）

背負投（資料6-2）

背負投（資料6-3）

左にして取と向き合い、約1・8メートル（約1間）の間合いから左拳で前同様に打ちかかります。取は、左「背負投」を行います。

C 肩車（かたぐるま）

　取、受、互いに歩み寄り約60センチメートル（約2尺）の間合いに入り（資料1）、受は、右足を前に踏み出して取と右自然体に組もうとします。

第1動

　取は、この機を利用し、左足から継ぎ足で1歩後退しながら右自然体に組んで受を引き出し、その前方に崩そうとします。受は、体の安定を保とうとして、取の引きに応じ右足から継ぎ足で1歩前進します（資料2-1）（資料2-2）。

第2動

　取は、再び左足から継ぎ足で1歩後退しながら左手を受の右肘下から回し四指を上向きにしてその右内中袖を握り、受を引き出してその前方に崩そうとします（資料3-1）（資料3-2）。受は、体の安定を保とうとして取の引きに応じ右足から継ぎ足で1歩前進します。

第3動

　取は、左足を大きく引き、左手を引いて受の右足を踏み出させつつ前方に崩しながら、腰を落とし自護体の姿勢で、受の崩れてくるところに右頸部を受の右腰につけ、右手を受の右股（もも）の内側から浅く差しかかえて（資料4）、左肘を左腰の方向に強く引きつつ、左足を引きよせて自然本体の姿勢になりながら一気に腰の力で受の体を担ぎ上げ（資料5）、左前隅の方向に投げます（資料6-1）（資料6-2）。

　取は、左向きになり正面を右にして立ち、受は、起き上がり、正面を左にして向き合います。次に、右同様に左自然本体に組んで左「肩車」を行います。

　左「肩車」が終わると、両者、もとの位置にもどって向き直り、双方静かに前進して腰技に移ります。

肩車（資料1）

肩車（資料2-1）

肩車（資料2-2）

肩車（資料3-1）

肩車（資料3-2）

肩車（資料4）

第五章　形としての柔道　131

肩車（資料5）

肩車（資料6-1）

肩車（資料6-2）

3) 腰技（浮腰・払腰・釣込腰）

A 浮腰（うきごし）

　取、受、互いに歩み寄り約60センチメートル（約2尺）の間合いに入ります（資料1）。

第1動

　受は、左足を1歩前に踏み出しながら右拳を頭上に振りかぶり（資料2）、更に右足を1歩踏み出し、右拳（渦巻）で真向から取の天倒に打ちかかります。

第2動

　取は、この機を利用し、受の体の前に左足、右足と入り身して（資料3）受の拳を後ろにはずすと同時に左肩を下げ体をやや反らし左腕を受の右脇下から深く後帯に沿わせてあて、受の体を左腰に引き寄せながら密着させて真前に崩し、右手で受の左中袖をとる（資料4）。

第3動

　一気に体を捻って投げます（資料5-1）（資料5-2）。

　取は、正面を右にして立ち、受は、起き上がり、正面を左にして取に向き

浮腰（資料1）

浮腰（資料2）

浮腰（資料3）

浮腰（資料4）

第五章　形としての柔道　133

浮腰（資料5-1）　　　　　　　　浮腰（資料5-2）

合い、間合いに入ると左拳で右同様に打ちかかります。取は、右「浮腰」を行います。

B　払腰

　取、受、互いに歩み寄り約60センチメートル（約2尺）の間合いに入ります（資料1）。

　　　　第1動
　受は、右足を前に踏み出して取と右自然体に組もうとします。取は、この機を利用し、左足から継ぎ足で1歩後退しながら右自然体に組んで受を引き出し、その前方に崩そうとします。受は、体の安定を保とうとして、取の引きに応じ右足から継ぎ足で1歩前進します（資料2）。

　　　　第2動
　取は、再び左足から継ぎ足で1歩後退しながら右手を受の左脇下から差し入れて、左背部にあてて受を引き崩そうとします（資料3）。
　受は、安定を保とうとして取の引きに応じ右足から継ぎ足で1歩前進します。

第3動

　取は、左足を右足の斜め後方に引き回しながら、両手で受を引きつけて、受の右足を僅かに前に踏み出させ（資料4）、右脚で受の右脚を摺り上げ気味に払い上げて投げます（資料5〜資料8）。

　取は、正面を右にして立ち、受は、起き上がり、正面を左にし、取と間合いをとって向き合います。次に、右同様に左自然本体に組んで左「払腰」を行います。

払腰（資料1）　　　　　払腰（資料2）

払腰（資料3）　　　　　払腰（資料4）

払腰（資料5） 払腰（資料6）

払腰（資料7） 払腰（資料8）

C 釣込腰

　取、受、お互いに歩み寄り約60センチメートル（約2尺）の間合いに入ります（資料1）。

第1動

　受は、右足を前に踏み出して取と右自然体に組もうとします。取は、この機を利用し、右手で受の後ろ襟を取り左足から継ぎ足で1歩後退しながら右自然体に組んで受を引き出し、その前方に崩そうとします（資料2）。受は、体の安定を保とうとして、取の引きに応じ右足から継ぎ足で1歩前進します。

第2動

　取は、再び左足から継ぎ足で1歩後退しながら受をその前方に崩そうとします。受は、体の安定を保とうとして取の引きに応じ右足から継ぎ足で1歩前進します（資料3）。

第3動

　取は、左足を後方へ僅かに引いて受を前方に引き出し、右足を進みくる受の右足の前内側に寄せながら右手をきかせて受の体を釣り込みます（資料4）。受は、これに応じて左足を進め自然本体となり体を反り気味にして安定を保とうとします。その瞬間、取は、受をその真前に釣り込みながら左足を受の左足前内側に回し込み腰を下ろし、後腰を受の前股にあて（資料5）、一気に両膝を伸ばし腰を押し上げ両手を下に引き直前に投げます（資料6）（資料7）。

　取は、正面を右にして立ち、受は、起き上がり、正面を左にし、取と間合いをとって向き合います。次に、右同様に左自然本体に組んで左「釣込腰」を行います。

　左「釣込腰」が終わると、両者、もとの位置にもどって向き直り、双方静かに前進して足技に移ります。

釣込腰（資料1）

釣込腰（資料2）

釣込腰（資料3）

釣込腰（資料4）

釣込腰（資料5）

釣込腰（資料6）

釣込腰（資料7）

4) 足技（送足払・支釣込腰・内股）

A　送足払（おくりあしはらい）

　取、受、お互いに歩み寄り約30センチメートル（約1尺）の間合いをとり、双方とも自然本体に立ちます（資料1）。

第1動

　受は、自然本体のまま取と右組みに組もうとします。取は、これに応じて自然本体のまま右組になり（資料2-1）、受を制しながら右方に右足、左足と継ぎ足で1歩移動し、受をその左方向へ送ります。受は、取の送るにつれ取とともに左足、右足と1歩左方に継ぎ足で移動します（資料2-2）。

第2動

　取は、受を再び右方に押し上げ気味に制して移動の勢いを強め、取、受、ともに継ぎ足で1歩移動します（資料3-1～資料3-3）。

第3動

　取は、大きく右足を開き、両手で受の体をその左斜め上に船底形に押し上げ気味に送り込みながら左足をかえして小趾側に力を入れ足裏が受の右足外踝の下を受の動く方向に追いかけるように払って投げます（資料4-1（右技））（資料4-2（左技））（資料4-3）。

　取は、正面を左にしたそのままの位置に立ち、受は、起き上がり、正面を右に取と間合いをとって向き合います。次に、右技同様に自然本体のまま左組みに組み右「送足払」を行います。

送足払（資料1）

送足払（資料2-2）

送足払（資料2-1）

送足払（資料3-2）

送足払（資料3-1）

送足払（資料3-3）

送足払(資料4-1 右技)

送足払(資料4-2 左技)

送足払(資料4-3)

B　支釣込足(ささえつりこみあし)

　取、受、お互いに歩み寄り約60センチメートル(約2尺)の間合いに入ります(資料1)。

第1動

　受は、右足を前に踏み出して取と右自然体に組もうとします。取は、この機を利用し、左足から継ぎ足で1歩後退しながら右自然体に組んで受を引き出し、その前方に崩そうとします。受は、体の安定を保とうとして、取の引きに応じ右足から継ぎ足で1歩前進します(資料2)。

第五章　形としての柔道　141

第2動

　取は、再び左足から継ぎ足で1歩後退します。受は、安定を保とうとして右足から継ぎ足で1歩前進します（資料3）（資料4）。このとき、取は、継ぎ足で後退した右足をとどめないで、弧を描きつつ右斜め後方へ足先が内へ向くように引いて、体を左に開きます（資料5）。

第3動

　受が、この引きに応じ体の安定を保とうとして右足を進めるところを左足裏で受の右足首の上あたりを支え（資料6-1（右技））（資料6-2（左技））

支釣込足（資料1）

支釣込足（資料2）

支釣込足（資料3）

支釣込足（資料4）

支釣込足(資料5)

支釣込足(資料6-1右技)

支釣込足(資料6-2左技)

支釣込足(資料7)

左手を大きく引き右手でこれを助けて左後方に投げます(資料7)。

　取は、正面を右にして立ち、受は、起き上がり、正面を左にし、取と間合いをとって向き合います。次に、前の右技同様に左自然本体に組んで右「支釣込足」を行います。

C 内股（うちまた）

取、受、お互いに歩み寄り約60センチメートル（約2尺）の間合いに入る（資料1）。

第1動

受は、右足を前に踏み出し取と右自然体に組もうとします。取もまた、右足を踏み出し右自然体に組み（資料2）、左足を左斜め前方へ進め（資料3）、右足を左斜め後方へ引きながら、右手を大きく働かせて受を右斜め後ろの方へ引き出します。受は、取の引き応じ、左足、右足と弧を描くように移動します（資料4）。

第2動

取は、第1動と同様の動作をすれば、受は、体の安定を保とうとして左足、右足と弧を描くように移動します。

第3動

取は、更に左足を踏み出し受を大きく右後ろ隅に引き回しながら（資料5）（資料6）受の踏み出してくる左足に体重が移ろうとする瞬間、両手を働かして受を前に崩し、体をしずめながら右脚を受の両脚の間に入れ（資料7）受の左内股のあたりに自分の右後ろ股があたるように払い上げて投げます（資料8）。

取は、正面を右にして立ち、受は、起き上がり、正面を左にして、取と間合いをとって向き合います。次に、前の右技同様左自然本体に組んで左「内股」を行います。

左「内股」が終わると、両者、もとの位置にもどって向き直り、双方、静かに前進して真捨身技に移ります。

内股（資料1） 内股（資料2）

内股（資料3） 内股（資料4）

内股（資料5） 内股（資料6）

第五章　形としての柔道　145

内股（資料7）

内股（資料8）

5）**真捨身技（巴投・裏投・隅返）**

真捨身技は、続けてやや早めに動作します。

A　巴投

　取、受、お互いに歩み寄り約60センチメートル（約2尺）の間合いに入ります（資料1）。

第1動

　受は、右足を前に踏み出し取と右自然体に組もうとします。取は、これに応じ右足を出して右自然体に組みます（資料2）。取はこの機を利用して右、左、右足と3歩早め目に受を後方に押し真後ろに崩そうとします。受は、体の安定を保とうとして、取の押しに従い、左、右、左足と下がった後（資料3）（資料4）、取の押しに抵抗して押し返そうとします（資料5）。

第2動

　取は、受が押し返す刹那、左足を受の右足の内側に進め、左手を受の右脇の下から差し入れて受の右襟を握り、両手を働かせながら受を真前に崩し、受の左足が進んで両足が横一直線上になる瞬間（資料6）。

第3動

　取は、右膝を十分に曲げ足先を反らして受の下腹部に柔らかに当てながら

（資料7-1）（資料7-2）左踵近く畳につけると同時に、右膝を伸ばし、両手で弧を描くように引きつけ、頭越しに投げます（資料8）。

　取は、起き上がり、正面を右にして立ち、受は、正面を左にし、取と間合いをとって向き合います。次に、右同様に左自然本体に組んで左「巴投」を行います。

巴投（資料1）

巴投（資料2）

巴投（資料3）

巴投（資料4）

巴投(資料5)　　　　　　　　　巴投(資料6)

巴投(資料7-1)　　　　　　　　巴投(資料7-2)

巴投(資料8)

B　裏投（うらなげ）

　取、受、お互いに歩み寄り約1・8メートル（約1間）の間合いに入ります（資料1）。

第1動

　受は、左足を1歩前に踏み出しながら右拳を頭上に振りかぶり（資料2）、更に右足を1歩踏み出し、右拳（渦巻）で真向から取の天倒に打ちかかります（資料3）。

第2動

　取は、この機を利用して、その手をくぐり左足を受の後方に深く踏み込んで（資料4）受の拳を自分の左肩越しに空を打たせながら、腰を落とし、左手を受の後腰（後ろ帯に沿わせる）から回して腰を十分抱き寄せるとともに、右足を受の右足の内側に一気に進め、右拳（指先を上に）を受の下腹部にあて（資料5）、両手と腰の働きで受の体を抜き上げ気味に体を反らせながら真後ろに捨てて受を左肩越しに投げます（資料6-1～資料6-3）。

　取は、起き上がり、正面を右にして立ち、受は、起き上がり、正面を左にして取と向き合います。歩み寄り間合いに入ると左拳で、右同様に打ちかかります。取は、右「裏投」を行います。

裏投（資料1）

裏投（資料2）

裏投（資料3）　　　　　　　　　　　　裏投（資料4）

裏投（資料5）

裏投（資料6-1）

裏投（資料6-2）

裏投（資料6-3）

C　隅返（すみがえし）

　取、受、互いに歩み寄り約90センチメートル（約3尺）の間合いに入ります（資料1）。

第1動

　受は、右足を踏み出し、取と右自護体で四つに組もうとします。取もこれに応じて右足を踏み出し、右自護体に組みます。（この組み方は、両者お互いに右手を相手の左脇下から差し入れその掌を左背部に、左手を相手の右肘の外上部にあててその腕を抱え、頭をお互いに相手の右側にして上体を前に曲げ、やや腰を落とす）（資料2）。取は、右手で受を浮かしながら、右足を1歩大きく後ろに引きます。受は、これに応じて左足を前に進めます（資料3）。

第2動

　取は、立ち直ろうとする大勢に応じ、両手で受の体を浮かし上げるように働かせれば、受は、安定を保とうとして右足をその右斜め前に進めます（資料4）。

第3動

　このとき、受の両足が横一直上になる瞬間、取は、左足を右足の内側近くに引き寄せながら受を真前に崩し、体を真後ろに捨て、右足の甲を受の左脚のひかがみ上方にあて（資料5）、受の体を下から跳ね上げ、両手を働かせ頭越しに投げます（資料6-1）（資料6-2）。

　取は、起き上がり、正面を右にして立ち、受は、正面を左にし、取と間合いをとって向かい合います。次に、右同様に左自護体に組んで左「隅返」を行います。左「隅返」が終わると、両者、元の位置にもどって、向き直り、双方、静かに前進して横捨身技に移ります。

隅返（資料1）

隅返（資料2）

隅返（資料3）

隅返（資料4）

隅返（資料5）

隅返（資料6-1）

隅返（資料6-2）

6) 横捨身技（横掛・横車・浮落）

A 横掛（よこがけ）

取、受、互いに歩み寄り約60センチメートル（約2尺）の間合いに入ります（資料1）。

第1動

受は、右足を前に踏み出し取と右自然体に組もうとします。取は、この機を利用し、左足から継足で1歩後退しながら右自然体に組んで受を引き出し、その前方に崩そうとします。受は、体の安定を保とうとして継ぎ足で1歩前進します（資料2-1）。

第2動

取は、再び左足から継ぎ足で後退して、受をその右から1歩継ぎ足で踏み出させながら、受の体をやや半身に崩します（資料2-2）（資料2-3）。

第3動

取は、左足を僅かに引き、受が半身になった姿勢で右足を踏み出したとき、右足を左足に寄せ、両手を働かせて、受の体をその右足の小趾外側に十分に崩し（資料3-1）（資料3-2）、体を左横様に捨てながら、左足裏で受の右足外踝の下を前外側から突っ込み気味に払い（資料4）、同時に左手は弧を描くようにすくい上げて引き、右手はこれを助け、左側に投げます（資料5

横掛（資料1）

横掛（資料2-1）

横掛（資料2-2）

横掛（資料2-3）

横掛（資料3-1）

横掛（資料3-2）

横掛（資料4）　　　　　　　　横掛（資料5-1）

横掛（資料5-2）

-1）（資料5-2）。

　取は、起き上がり正面を右にして立ち、受は、起き上がり、右正面を左にして、取と間合いをとって向き合います。次に、右同様に左自然体に組んで「横掛」を行います。

B　横車（よこぐるま）

　取、受、互いに歩み寄り約1・8メートル（約1間）の間合いに入ります（資料1）。

第1動

　受は、左足を1歩前に踏み出しながら、右拳を頭上に振りかぶり（資料2）、更に、右足を1歩踏み出し、右拳（渦巻）で真向から取の天倒に打ちかかります（資料3）。

第2動

　取は、この機を利用し、受を「裏投」に投げようとします（資料4）。

第3動

　受は、このとき、上体を急に前に曲げてこれをのがれようとする。（資料5）。取は、受の防御の体勢を利用して左手で受を真前に崩し、右足を受の両足の中間に深く弧を描くように滑り込ませながら（資料6）体を左横様に捨てて、右手を押し上げ気味に働かせ、その左肩の方向に投げます（資料7）。

　取は、起き上がり正面を右にして立ち、受は、正面を左にして取と間合い、歩み寄り、間合いに入ると、左拳で右同様に打ちかかります。取は、右「横車」を行います。

横車（資料1）

横車（資料2）

横車（資料3） 横車（資料4）

横車（資料5） 横車（資料6）

横車（資料7）

第五章　形としての柔道

C 浮技（うきわざ）

取、受、互いに歩み寄り約1・8メートル（約1間）の間合いに入ります（資料1）。

第1動

受は、右足を踏み出し、取と右自護体で四つに組もうとします。取は、この機を利用し、右足を踏み出し、右自護体に組みます（資料2）。取は、右手で受を浮かしながら、右足を1歩大きく後ろに引きます。受は、これに応じて左足を前に進めます（資料3）。

第2動

取は、受の立ち直ろうとする体勢に応じ、受が浮き上がるように両手を働かせれば、受は、安定を保とうとして、右足をその斜め前に進めます（資料4）。

第3動

このとき、取は、両手を働かせて受をその右前隅に崩しながら、左脚を軽く伸ばし（資料5-1）（資料5-2）、左斜め後方に弧を描くように開いて体を左隅様に捨て、受を左肩方向に投げます（資料5-3）。

取は、起き上がり正面を右にして立ち、受は、正面を左にし、取と間合い

浮技（資料1）

浮技（資料2）

浮技（資料3）

浮技（資料4）

浮技（資料5-1（右））

浮技（資料5-2（左））

浮技（資料5-3）

第五章　形としての柔道　159

をとって向き合います。次に、右同様に左自然体で組んで右「浮技」を行います。

7) 終わりの動作

　右「浮技」が終わると、両者もとの位置にもどり服装を直し（資料1）、向き合って自然本体になり（資料2）。右足から1歩下がって直立し「約5・5メートル（約3間）の間合いとなります（資料3）。互いに座礼（左足から曲げる）を行い（資料4〜資料6-1）、同時に立ち上がり（右足から立つ）、（資料6-2）（資料6-3）、正面に向かって同時に立礼し（資料7）、終わって

終わりの動作（資料1）

終わりの動作（資料2）

終わりの動作（資料3）

終わりの動作（資料4）

終わりの動作（資料5）

終わりの動作（資料6-1）

終わりの動作（資料6-2）

終わりの動作（資料6-3）

終わりの動作（資料7）

退場します[14]。以上です。

3、形の競技化

　嘉納師範は、柔道に於いて形と乱取を合わせて修行することを理念としています。講道館柔道では、攻撃防御の理合いを習得するために行われる形の稽古が最も有効であるとされています。形の稽古は武道では普遍的な稽古法ですが、柔道では技を掛ける取と、技を掛けられる受に分かれ、理合いに従って決められた手順で技を掛け、受け止め、反撃し、それを反復することによってその理合いと技を習得します。

　柔道は近年、乱取が中心であり、形は昇段審査の為に行うものにすぎない状況と言えるでしょう。指導者の中には、形をやっても意味がない、強くなるためには必要ないなどと考えている人もいるようです。しかし、嘉納師範が考えたように柔道の理合いを学ぶためにも形の普及は不可欠であると考えます。

講道館柔道では形と乱取がともに重視されてきました。乱取試合は、昭和31（1956）年から世界選手権大会が開催され、昭和39（1964）年にはオリンピックの正式種目となり、今日現在（2018年9月現在）世界約200の国と地域に普及し、柔道は国際的スポーツとして世界的発展を遂げました。
　一方、形では平成9（1997）年講道館に於いて、第1回全日本柔道「形」競技大会が開催されることになりました。しかし、形を競技化し普及活動を先駆けていたのは、ヨーロッパでした。しかし、講道館には形の競技大会を行わなかった大きな理由があったのです。
　平成9（1997）年の開催経緯について嘉納行光講道館長（当時・現名誉会長）は次のように語っています。
「講道館では毎年、夏期講習会第一部で形の講習会を行っているが、一方、これとは別に形の普及のための、全国大会を考えたこともあった。しかし、形の本質を考えた場合、その基本に忠実でなければならないのは勿論であるが、ただ形式を真似ただけでは何の意味もなく、それぞれの個性から醸し出される味わい・深みといった芸術性を有する主観的内容が重要な要素になっているだけに、審査基準の設定の難しさ、又、審査するもの自身が形を十分に修得し、評価について高い判断力を有することが強く要求されることから、今日まで実現に踏み切れなかった。」[15]
　このような状況の中で、今般、全日本柔道連盟教育普及委員会が現今の競技柔道偏重の趨勢を憂慮し、生涯柔道の一環として形の普及発展のために形の全国大会を強く提唱し、理事会、評議員会で検討後、講道館と協調して大会を早期実現することを決定しました。講道館としては、前述のように様々な問題があることを認めながらも、趣旨自体に異存がある訳ではなく、まず、実施することにより、経験を重ねながら問題を解決して、将来完璧な大会に充実発展させていくこととし、ここに講道館と全日本柔道連盟共催による第1回大会が開催される運びになりました。

実現に踏み切れなかった理由の骨子は、即ち審査方法設定の困難さと言えます。全日本柔道連盟教育普及委員会は形の全国大会開催を提唱・決定し、講道館は設定困難な審査要領の原案作成に入ります。講道館は全日本柔道連盟教育普及委員会と幾度かの討論を重ね審議を経て、暫く審査要領の策定に漕ぎつけました[16]。
　ここから柔道の形が競技化して普及のスタートを切ったのです。
　その後、日本国内では、全日本柔道「形」競技大会10回大会を経てから、ヨーロッパでは、平成17（2005）年欧州柔道「形」選手権大会がロンドンで開催されました。平成19（2007）年の第1回講道館柔道「形」国際大会が講道館で開催された後に、平成20（2008）年11月には国際柔道連盟（IJF）「形」ワールドカップがパリで開催されました。平成21（2009）年には、マルタ共和国で開催された第1回世界柔道「形」選手権大会が行われ、平成23（2011）年には、第1回アジア柔道「形」選手権大会が開催されました。
　競技種目については、平成17（2005）年欧州柔道「形」選手権大会では、投の形、固の形、極の形、柔の形の4種目で競技化のスタートを切りましたが、平成19（2007）年の第1回講道館柔道「形」国際大会では、投の形、固の形、極の形、柔の形に講道館護身術が加わり5種目となりました。
　現在の世界柔道「形」選手権及びアジア柔道「形」選手権大会も同様に5種目で行われています。全日本柔道「形」競技大会では、投の形、固の形、極の形、柔の形、講道館護身術、五の形、古式の形の計7種目で行われています。今後、世界柔道「形」選手権大会、アジア柔道「形」選手権大会に、五の形、古式の形が追加されるかが、注目されるところです。

4、形と競技と

　平成9（1997）年から第1回全日本柔道「形」競技大会が開催されるようになり、以前よりも形に対しての関心は高まってきているのは間違いありません。乱取が柔道の主体となり勝つことを求めるのは当然のことですが、勝利至上主義のみの柔道にはなってはほしくないところです。自己を完成し社会に貢献できる人間になることが本来の柔道の姿なのですから。

　さて、ここでは、形競技について考えてみましょう。嘉納師範は柔道の修行目的を体育・勝負・修心としましたが、中でも強調したのはこれをバランスよく追求発達させることです。形の練習は、知的でかつ心を練る、修心に関わることを目的としていると考えれば形を競技対象とするための新しい枠組みが必要ではないかと思います[17]。

　形の演技を競うからには優劣をつけねばなりません。これは当然形競技のことですが、問題は形の演技に優劣をつけることがなじむかどうかです。その答えは形そのものの性格の中にあると思います。形は日本人が受け継いできた日本の文化である、という点からこのことを考えてみます。

(1) 形と日本文化

　日本には「形の文化」が存在しています。伝統芸能、華道、茶道はもちろん、多くの武術における修行は形を学ぶことが出発点です。形とは長い歴史の中で培われた先人の英知が凝縮されているものです。武術などでその流派の技術、理論、精神を最も簡潔な形で表現したものです。しかも、柔道や柔術の形は頭で分かっても実際にやってみなければ本当のところはわかりません。そこが書物を読んで学ぶこととの相違点です。また、形は実戦の技術ではありません。このことは、形を学ぶだけでは実戦で強くなれないというこ

ともあります[18]。

(2) 形の練習

　学ぶという言葉は元来「真似る」という言葉に由来します。つまり形の学習とは、教本の内容を真似ることを意味します。形は技術の原理、その精神を学ぶものですが、それならば、最初から理論を学べばよいではないか、という疑問があってもおかしくはないでしょう。しかし、技の理合いを学ぶ最も有効な方法は、自分の体に覚えさせることです。ここに没個性的に「ひたすら真似をする」重要性があり、この点が形を外国人にとってわかりづらいものにしているところでしょう。

　柔術の時代から日本には内弟子制度があり、師匠と弟子は寝起きを共にして、日常生活の中でものの考え方、感じ方までも学び、自分のものにしなければなりませんでした。それが修行というものでした。このような方法は教える者、学ぶ者双方が技術修練のみならず、日常から交わることとなり、そこから人格陶冶の効果を上げていくものでしょう。形、即ち技を学ぶ意味は、文字通り「かたち」だけを学ぶわけではなく、その精神を学ぶことにあると言えます[19]。

(3) 守・破・離

　日本の芸ごとの習得は、第1段階は基本的所作（身体表現）を正確に行えるようになること。第2段階はその基本をふまえて自由で個性的な応用を考えること、第3段階は元の精神を尊重しながらも、その形を離れた自在な技を表現するとことという「守、破、離」という過程を経るものと言われてきました。柔道の形もその範囲に入ると言えます。形の演技を評価する場合、評価内容が標準化されなくては、評価できないでしょう。しかし、標準化とは形を一定のレベルに封じ込めることにもなり、その習熟が「守」を超える

ことを阻むことになりかねないかもしれません[20]。

(4) 形の修行目的

講道館柔道には9種類の形があります。また、その形には、それぞれ異なるねらいがあります。勝負、体育、美的情操などを目的としたそれぞれの形の特性をよく理解して練習することが大切です。

嘉納師範は、それぞれの「形」について次の如く講述しています。
「形は、種類が多いが、その目的次第で練習すべき形が異なるべきである。勝負に重きを置いてするときは、極の形の類が大切であり、体育としても武術としても価値(かち)はあるが、特に美的情操を養うことを目的とするときは、古式の形、柔の形の類が必要である。体育を主眼とし、武術の練習、美的情操の養成及び精神の修養を兼ねて行う場合は、精力善用国民体育がよい。形は何程(なにほど)にも殖やすことが出来るのであるから、将来は特殊の目的を以て行なう種々の形が新たに出来てよい筈である。」[21]

つまり形を学ぶ効用は以下のように整理できます。
(1) 技の原理の習得
(2) 健康増進のための体操
(3) 美的情操の涵養(かんよう)
(4) 思想・哲学の身体表現
(5) 護身（勝負）[22]

また、講道館柔道には嘉納師範が考えた3つの目的があります。
体育
体育とは強く健やかにして、目的の達成のために自在に動く身体の獲得。
勝負
勝負とは肉体上で人を制し、人に制せられない術を修得。
修心

修心とは智徳、涵養と勝負理論の社会生活への応用、よって、観察、注意、記憶、推理、大量等と倫理道徳を基礎に置く共栄志向。

人間形成の基本がここにあり、それらを同時に学習でき、それぞれの効果を獲得できる教材、それが講道館柔道なのです。そして、その修行方法は主として形、乱取、講義、問答なのです。

5、現状と課題

平成9（1997）年第1回全日本柔道「形」競技大会が開催されてから、平成30（2018）年で22回目を迎えます。アジア柔道「形」選手権大会、世界柔道「形」選手権大会も回を重ねるに従い技術的な面に於いて、理合い、スピード、迫力、姿勢、互いの呼吸、そして競技としての互いの支え合い（魅せる・つくる）等がレベルアップしてきています。

日本のみならず海外でもIJFを中心に形の普及に本格的に取り組みはじめ、嘉納師範が目指した形と乱取の両輪が動き始めていることは間違いありません。しかし、国内に目を向ければ全日本柔道「形」競技大会の各県の予選会等では、各形での参加者が低迷状態です。また、形審査員の養成、審査の評価方法等、発展させ解決すべき課題がまだまだたくさんあります。

これから如何にして、形を普及させていくか。それは競技大会を盛んにしていく他にカギはないように思われます。そして、今後、如何にして形競技大会に興味を持たせ、参加人員を増やしていくか。その一つの策として小・中・高及び大学生の形競技大会の開催があるのではないでしょうか。

つまり、乱取試合とともに形の競技大会を行うことが良いと考えます。

平成3（1991）年から日整全国少年柔道大会が開催されていますが、平成23（2011）年より、乱取試合とともに投の形の競技も行っています。日本の大会で唯一形と乱取大会を行っていることを心強く思います。嘉納師範

の思いがこのようなかたちで受け継がれていることは、今後の形の発展への希望を強く思わせられるものです。今後、この道が開かれていくことを強く望みます。

　子供の頃から形を意識し、興味を持つようにすることは、柔道の理合いを学ぶと同時に、形競技で勝ちたいという意欲を湧かせることになるでしょう。そしてそれは間違いなく形の普及発展に繋がっていくことでしょう。形は礼法、座り方、立ち方、取と受の二人の呼吸を合わせながらの稽古法にかなりの時間を費やすことから、互いの心を繋げる稽古にもなるでしょう。二人でひとつの空間を作り上げる独特な助け合いの競技でもあるからです。武術は、本来の考え方からすれば敵と味方ですが、形競技は敵と味方ではなく、二人で何年も作り上げた作品を観てもらう感覚と言えるかもしれません。そこに乱取競技とは違った魅力が隠されているのかもしれません。しかし、形を競技化することは、勝ちにとらわれてしまう恐れもあります。形も乱取同様に勝利至上主義のようになっていくのではないかと、形の原点が失われていくことが懸念されます。今後我々はそのことを強く意識したうえで、理想的な形競技のあり方を考えていく必要があるのではないでしょうか。

引用文献

1) 嘉納治五郎、「柔道家としての嘉納治五郎（十二）」、「作興」第六巻第一号、昭和二年、p86-88
2) 同上、p86-89
3) 同上、p86-90
4) 同上、p90-91
5) 同上、p91-92
6) 講道館、「投の形」、「公益財団法人　講道館」、p1-2、2006
7) 講道館、「固の形」、「公益財団法人　講道館」、p1-3、2007
8) 講道館、「極の形」、「公益財団法人　講道館」、p1-3、2007
9) 講道館、「講道館護身術」、公益財団法人　講道館、p1-3、2004

10) 講道館、「柔の形」、公益財団法人　講道館、p1-3、2007
11) 講道館、「五の形」、公益財団法人　講道館、p1-3、2008
12) 講道館、「古式の形」、公益財団法人　講道館、p1-3、2008
13) 小谷澄之、大滝忠夫、高田勝善、『柔道の形』、不昧堂出版、p169-188、1971
14) 講道館、「投の形」、公益財団法人　講道館、p4-36、2006
15) 村田直樹、「全日本柔道形競技大会」、「雑誌柔道」、p5、1997
16) 同上、p5
17) 毛利修、「柔道「形」の競技化について考える」、「雑誌柔道」、p71、2016
18) 同上、p71-72
19) 同上、p72
20) 同上、p72
21) 醍醐敏郎、「講道館柔道の"形"について」(1)、「雑誌柔道」、p53、2008
22) 前掲17)、p72-73

第六章　乱取としての柔道

曽我部晋哉

　現在は、スポーツとして世界各国に普及している柔道ですが、もともとは戦国時代における戦の術としての柔術から起こり、急所への当身や蹴りなど危険な技術が含まれていました。柔術の危険な技を「形」として残し、投技、固技を「乱取」としたことで、レスリングのようにお互いの技と力で精一杯競い合うことが出来るようになり、現在のようにスポーツとして発展していきました。ここでは、柔道の醍醐味である「乱取」の変遷について解説していきます。

1、乱取の発展

　柔道の前身である柔術は、相撲や戦の組討ち（組み合って相手を倒す）の技術から発展し、戦国時代における必要な技術として各流派において研究され実践されました。特に戦国時代における鎧を身に付けた武士以外の足軽（通常は別の仕事をしており、戦になると参加する最下層武士団）は、籠手（腕を守る防具）や脛当(すねあて)（すねを守る防具）などの軽装での白兵戦が多く、そのための技術として柔術は必要不可欠なものとなっていきました[1]。柔術の起源は、天文元（1532）年、竹内久盛が残した「竹内流腰廻」とされています[1]。「腰廻」とは、軽武装の籠手、脛当、脇楯(わいだて)（大鎧の胴の右脇のす

き間をふさぐもの）などの軽武装の時に、腰の廻の小刀などによる攻防技術のことを言います。相手を組んで投げる技術の他に、小刀による攻防、急所への攻撃等の危険な戦の技術であるため、取と受を決めて実践を想定した「形」の反復練習が行われていました。

　このような柔術の「形」を中心とした稽古では、現在のオリンピック種目である柔道にはつながらなかったでしょう。実際に、近代オリンピックの提唱者の一人であるピエール・ド・クーベルタン（1863～1937）は、フランスで人気が出始めた柔術について、明治39（1906）年の雑誌『オリンピック』の中で「本気の攻防を行えば、どちらかが大きな怪我をする可能性があり、柔術は護身術でありスポーツではない」といった意見を述べています。柔術を改良し相手に怪我をさせることなく投技、固技を競い合うことができるような乱取を開発し、教育的な観点から創設されたものが、明治15（1882）年、嘉納治五郎（以下嘉納師範）によって創設された柔道です。例えば背負投について、柔術では、腕をつかみ相手の手のひらを上にして肘関節にダメージを与え投げた後にとどめを刺すという、取り押さえという意味合いが強かったのですが、柔道では相手の手のひらを下にして怪我をさせることなく相手を仰向けに投げることを「一本」[2]としてルール化していきました。同様に抑込も30秒もすれば、全身に血液が循環せず瀕死の状態になり、首を掻き切れることから「一本」になったとされています[2]。このように柔道においては、投技、固技は乱取で、当身技（突く、蹴る、殴る、打つなどの総称）や関節技などの危険な技は形による稽古が出来るようにと、「乱取」と「形」による二つの練習法が発展していきました。

　しかし嘉納師範は、当初から「一種の約束を定めていき又打ったり突いたりする時は手袋の様なものをはめてすれば、勝負法の乱捕もずいぶんできぬこともない。形ばかりで真似事のやうで実地の練習はできないから、やはり一種の乱捕があったほうがよい。」[3]と述べており、当身技や関節技の乱取

の開発にも力を入れようとしました。しかしながら、当身技の制限を加えながら行う約束乱取はあまり普及せず、相手と組み合い自由に投技の攻防を行う乱取が一般に好まれ、結局のところ講道館柔道では当身技の乱取は実現しませんでした。しかし、当時、講道館に入門していた富木謙治（1900〜1979）は、合気道の創始者である植芝盛平（1883〜1969）につき、当身技や関節技の乱取の研究を行い、その乱取法を「合気乱取法」として広めようとしました。現在では、柔道では行われていませんが、合気道の一つの種目である「徒手乱取競技」として各地で競技会が開催されています。

2、乱取の方法

オリンピック種目のスポーツとして広まった乱取形式の柔道は、世界各地の伝統的な格闘技から生まれた投技の技術も決まったルールの中であれば施せるようになり、日本の柔道から世界のJUDOに変わっていきました。そのため、日本古来の精神面や教育面にも重きをおいた武道的な要素の強かった柔道とは異なり、オリンピックでメダルを獲得するための競技スポーツとしての要素が強くなってきました。しかし、柔道を体育・教育面から普及させようとした嘉納は、乱取の効果的な方法として以下のように述べています[4]。

①自然体の姿勢でなければならない。すなわち人がことさらでなく、自然に立っているときの姿勢が基本でなければならぬ。この姿勢は一番変化しやすくまた疲れない姿勢である。右利きの者は右のみ、左利きの者は左のみというふうに偏した身体の使い方を戒めなければならない。
②乱取は本来立技ばかりでなく固技も練習すべきである。決して寝技を

閑却してはならない。しかし多年練習する機会のある専門家は、両方にわたり練習することはできないが、特に深く柔道を学ぶことの出来ない者は、両方を不十分に学ぶよりは一方を比較的十分に学ぶ方が望ましい。その場合は、投げ勝負に重きをおけ。

③立技においては対手が何時打ってきても突いてきても敏速に身体を動かすことができるように、腰を引かず顔を高く上げておかなければならない。

④強く握らず軽く摑む位でよい。というのも軽く稽古衣を持っていると変化の際のその動作が相手にわからず、当方の施そうとする技に備えしむる機会を与えぬことができる。また力が入っていないと容易にくたびれないから、多き試合に耐えうる。

⑤乱取には押し、引く、ねじる、追い掛ける、外す、一つの技から他の技への変化等々、自他の関係が生じてきて、自他の間に生じる複雑な理論も研究され、面白みも味わい得られる。寝技の場合は立技に比すればはるかに複雑さが少ないから、精神的にも肉体的にも臨機応変の能力を養うためには、投勝負の練習によらなければならない。

つまり、効果的な乱取には以下のような条件で行うこととしています。柔道における立技と寝技の練習の割合は、相手との間合いや力の利用法、重心の移動を学ぶためにも初心者は特に立技を重点的に練習し、その立技の姿勢においては、常に周囲の状況に対応できるように神経を集中し、顔をあげた姿勢を保つことがよいとしています。また、無駄な力を使わずに軽く握ることで、自分の技を悟られないようにすることができ、沢山の練習や試合ができるようになるとしています。さらに、立技の習得は物理学的な要素もあるため、これらを習得するためには寝技よりも立技の中で学ぶしかなく、その際、武道の基本である自然体の姿勢を大切にし、体の偏りの予防や神経系の

発達の観点から左右両方の技を練習するように推奨しています。

　このように、嘉納師範が考えた本来の乱取は、必ずしも試合に勝つためだけの練習ではなく、武道としての理合いを学び、発育・発達のための手段としても提唱していたようです。しかし、スポーツとして国際化していく流れの中で、体の大きい人が有利にならないよう体重制が導入され、また、観る側がテレビなどを通じて楽しく柔道を観戦できるよう試合時間や柔道衣の色なども変化していきました。

3、乱取試合ルールの原点

　現在残っている最も古い審判規定は、明治33（1900）年の「講道館柔道乱捕試合審判規定」です。その項目は、13条からなる試合審判規定でした。以下に、その内容を簡単にまとめてみましょう。

第一条　柔道の乱取試合をするときは、投技と固技によって勝敗を決定する。

第二条　投技には立技、捨身技を含み、固技には絞技、抑込技、関節技が含まれる。ただし、初段以下の試合では勝敗に関節技は含まれない。

第三条　勝負は二本で決定する。もし、お互いに一本ずつの場合、もう一本勝負を行う。

第四条　長時間戦っても勝負がつかない場合は、引き分けとする。お互いに一本ずつ取っていた場合にも引き分けとする。

第五条　試合者が一本をとった場合には審判員は「一本」と宣告し、もう一度同じ試合者が一本を取った場合には「二本」と宣告し、試合を終える。

第六条　投技において一本ではないが相当の技の効果があるとみなされる

場合、もしくは固技においてほぼ一本となるところを逃れた場合には「技有」とし、その後一回もしくは数回同様の場面がみられるときには「合して一本」とする。

第七条　投技において一本勝と認められるものは以下の条件を備えることとする。
　　　　（イ）一方が技をかけるか、相手の技をすかして倒れた場合
　　　　（ロ）だいたい仰向けに倒れること
　　　　（ハ）相当のハズミまたは勢いをもって倒れること

第八条　投技を掛けられた時、体が畳に着く直前にひねって逃げた場合には技の効果は認められない。

第九条　技を掛けられた者が、素早く元の姿勢に戻ったとしても一度投げられた場合には一本となる。

第十条　投技が十分に掛ったとしても相手が絡みつくことによって綺麗に投げられないこともあるが、その場合には第七条に関わらず審判員の見込みで勝敗を決する。

第十一条　固技は手もしくは足で二度以上相手の体か畳をたたくか、「参った」の合図を行ったときに勝負があったものとする。ただし、抑込は相当な時間相手が起き上れなかったときは一本とし、また絞技、関節技においても審判の判断で一本とすることがある。

第十二条　初段以下の者は投技七〜八割、固技二〜三割、初段以上の者は投技六〜七割、固技三〜四割の練習が適当とする。そのため、試合の際には一方の者が、正しい方法で行わず卑劣な方法で投技、固技から逃げる場合には審判は注意する必要がある。

第十三条　初段以上の者であっても、手足の指や手首・足首への関節技を行ってはいけない。

　当初のルールでは、戦の手段である柔術から発展した柔道として、相手の

息の根を止めるか、止めないかといった真剣勝負の考え方が色濃く残っていたようです。そのため、試合時間も決まっているわけではなく、出場者はお互いの力の限りを尽くして最後まで技の攻防を行わせることを基本としていました。もちろん、試合場を戦場としてとらえると、体重の違いによって試合を分類することは考えられません。そのため、この当時の乱取試合は、相当なスタミナと精神力が必要だったことでしょう。また、審判員も試合を行っている者をコントロールするのではなく、試合の主役である出場者を最大限に引き立てる役割に徹していたようです。

4、乱取試合の発展

　昭和5（1930）年、初の全国規模の大会である「全日本柔道選士権」が開催されました。

　この大会は、柔道を専門としている専門選士の部、趣味で行っている一般選士の部に分けられ、更にそれぞれの区分の中で壮年前期選士、壮年後期選士、成年前期選士、成年後期選士の4つに分類され、合計8区分の中で行われました（資料1）。全国8地区から選手が選出され、それぞれの区分で競われました。つまり、本大会は競技的な部分を競い合う大会でありながらも教育的な配慮を行い、それぞれの年齢やレベルに応じた中での修行の優秀者を顕彰することが目的であったとされています。昭和14（1939）年には、「日本柔道選士権大会」となり年齢区分はなくなり、専門選士ならびに一般選士の2区分となりました。また、第二次世界大戦中は一時中断されていた本大会も、昭和23（1948）年5月2日には専門選士も一般選士の区分も年齢、体重区分もない「全日本柔道選手権大会」となり、現在に至るまで開催されています。

　故嘉納師範10年祭記念行事の一環として開催された第1回全日本柔道選

選士区分	専門選士	一般選士
選士定義	・柔道の指導を主要なる任務とする者 ・東京高等師範学校体育科乙組に修業中の者 ・大日本武徳会武道専門学校柔道部に修業中の者 ・国士舘専門学校柔道部に修業中の者 ・その他将来柔道指導者となる目的をもって修業中の者	柔道を自己の修養または趣味として修業し之を専門とせざる者
壮年前期選士	満20歳以上満30歳未満	
壮年後期選士	満30歳以上満38歳未満	
成年前期選士	満38歳以上満44歳未満	
成年後期選士	満44歳以上	

資料1　全日本柔道選士権の選士区分
選士は、柔道を専門とする専門選士とそうでない一般選士に分けられ、更に年齢ごとに4つに分けられた。

元号	西暦	試合時間			備考
昭23〜昭25	1948〜1950	15分（トーナメント）		20分（決勝のみ）	・昭和23年の大会では、延長戦で決着がつかない場合抽選で決着。 ・昭和25年の大会から技有をとって優勢勝を狙うような見苦しい場合には、副審を含めた判定で勝敗の決定。
昭26〜昭34	1951〜1959	10分（トーナメント）		20分（決勝のみ）	
昭35〜昭37	1960〜1962	6分（予選リーグ）	10分（トーナメント）	20分（決勝のみ）	・予選リーグでは「引き分け」、トーナメント戦では「延長戦」の採用
昭38	1963	6分（1次リーグ）	8分（2次リーグ）	10分（トーナメント）	・一次リーグ、2次リーグ、決勝トーナメントの採用。
昭39	1964	6分（1次リーグ） 8分（2次リーグ）	10分（準決勝）	15分（決勝）	・同年10月の東京オリンピック開催のため同様のルールで実施し、「引き分け」、「延長戦なし」、ポイントによる「優勢勝」の採用。
昭40	1965	6分（予選リーグ）		8分（トーナメント）	・「延長戦」の採用。延長戦は準決勝までは1回のみ、決勝の3回まで。
昭41〜昭43	1966〜1968	6分（予選リーグ）		8分（決勝のみ）	・昭和41年ルールの改正があり「警告」、「注意」の導入。
昭44〜昭55	1969〜1980	8分		10分（決勝のみ）	・リーグ戦の廃止。昭和48年より「延長戦」の廃止。昭和50年より「有効」の採用。
昭56〜平7	1981〜1995	6分		10分（決勝のみ）	・時間内に勝敗が決しない場合には「旗判定」の実施。
平8〜平28	1996〜2016	6分（全試合）			
平29	2017	5分（全試合）			・「旗判定」の廃止、ゴールデンスコアによる「延長戦」の採用。
平30〜	2018〜	4分（全試合）			・試合時間内でスコアに差が無い場合は、ゴールデンスコアによる時間無制限の「延長戦」が採用。

資料2　全日本選手権大会の試合時間の変遷
近年では、100kg級、100kg超級は世界選手権大会、オリンピックの選考も兼ねており、国際柔道連盟試合審判規定に準じて行われている。

手権大会（1948年）の試合時間は15分、決勝戦のみ20分で行われました。また、時間内に決着がつかない場合には延長戦が行われ、3回の延長戦ののち更に決着がつかない場合には、抽選で決めるというルールでした5)。平成30（2018）年4月に開催された全日本柔道選手権大会では、試合時間4分、時間内に決着がつかない場合には、ゴールデンスコアによる無制限の延長戦が行われ、国際柔道連盟試合審判規定（2018〜2020）に準拠したルールで行われています。

　このように、無差別で行われる全日本柔道選手権大会の在り方も時代と共に変化し、現在では、男子100kg級、100kg超級の世界選手権大会、オリンピックの代表選考会の一つとなっています。

5、体重制の導入

　柔道が柔術からの名残が存分にあった時代から競技スポーツとして変化していく中で、最も大きな変化といえば柔道の体重制が導入されたことでしょう。相手と組み合っての攻防では、当然体格の違いは勝敗に大きな影響をもたらす可能性があります。そこで、オリンピック種目として国際化を図るために「その一つは勝利への機会均等、その二は、外国人の体格の相違と柔道の普及度を考慮して広く参加させるために、ウェイト制を合理と認める。」6)との日本による国際柔道連盟への提案によって、昭和39（1964）年の東京オリンピックより、軽量級（68kg以下級）、中量級（80kg以下級）、重量級（80kg以上）の3階級で導入されることになりました。この体重制の導入によって、柔道の国際化ならびに競技スポーツ化が加速していきました。

　しかしながら、この体重制の導入に対して、当時、国内では様々な議論がなされ、かつての柔道の本質を継承する観点から、過去の記録を辿ってみると日本柔道界の様々な葛藤がうかがえます。例えば「柔道の技術は、体重無

開催年	階級数	階級	備考
1956〜1961	1	無差別	
1965	4	63kg, 80kg, 93kg, 無差別	
1967〜1975	6	63kg, 70kg, 80kg, 93kg, 93kg超, 無差別	
1979〜1997	8	60kg, 65kg, 71kg, 78kg, 86kg, 95kg, 95kg超, 無差別	
1999〜	8	60kg, 66kg, 73kg, 81kg, 90kg, 100kg, 100kg超, 無差別	2013年から定期的には無差別級は行われていない。

資料3　世界選手権大会における体重区分（男子）

開催年	階級数	階級	備考
1980〜1997	8	48kg, 52kg, 56kg, 61kg, 66kg, 72kg, 72kg超, 無差別	
1999〜	8	48kg, 52kg, 57kg, 63kg, 70kg, 78kg, 78kg超, 無差別	2013年から定期的には無差別級は行われていない。

資料4　世界選手権大会における体重区分（女子）

差別を建前として構造化されている。体重無差別による形と乱取が柔道の二大練習方式であり、この練習成果を競い合うのが本来の立場である。したがって、IJFの世界選手権試合などで体重別制を細分化することは、柔道技術の本質を大きく変える危険性があり、技術の進歩を遅らせることになろう。また、優勝者の増加は体重無差別の建前を弱くさせる。」[7]

「体重区分の細分化によって柔道の試合のあり方が、レスリングのような体重別制本位の傾向に移り、柔道の特性を失うのではないかとする点にある。」[6] など多くの議論を残しながら階級制の導入が行われました。1999年以降、世界選手権大会においては大幅な体重区分の変化は見られず、ある程度落ち着いてきたように思われます（資料3、4）。ただし、国内での全日本選手権大会、教育区分内（中学、高校、大学）における団体戦においては、無差別の試合が根強く行われています。

6、みるスポーツとしての柔道の発展

　21世紀に入り、柔道は益々国際化並びに競技化の一途を辿っていきました。特に、その象徴として、国際大会におけるカラー柔道衣の導入が挙げられます。このカラー柔道衣の導入は、柔道に関する知識のない世界各国の人々を対象とした「みるスポーツ」として、どのように「JUDO」を発展させるかという新たな挑戦でありました。昭和61（1986）年に開催された国際柔道連盟理事会において、東京オリンピック（1964年）無差別級の優勝者でもあるアントン・ヘーシンク（1934～2010）によって、カラー柔道衣の提案がなされました。「みるスポーツ」としての成熟化を提案するヨーロッパ側と、柔道の伝統と文化を重んじる日本側との意見の相違から、カラー柔道衣導入に至るまで様々な意見が交換されました。

　国際柔道連盟スポーツ理事のフランソワ・ベソンは「人々が柔道を見られるように、また理解できるようにするためにも、最高の条件で紹介するよう努めるべきである。」[8]

　当時の国際オリンピック委員会会長のフアン・アントニオ・サマランチ（1920―2010）も「カラー化を図らなければ、将来テレビやスポンサーの関係で難題に突き当たる可能性があることを指摘したい。」[8]、[9]

　このように、ヨーロッパを中心に、オリンピック種目存続の意味も含め、柔道をより一般大衆に分かりやすくすべきであるとの意見が出されていました。

　一方日本側は、嘉納行光全日本柔道連盟会長より平成5（1993）年の国際柔道連盟総会においてカラー柔道衣導入に対して反対の立場を示しました[10]。提案された内容を要約すると以下の通りです。

①長い歴史をもった日本の伝統と文化を尊重すること

②現在の柔道は競技面偏重となっており、本来の精神的、教育的、体育的面の持つ柔道の本質が損なわれつつある。そのことにより、柔道への関心魅力の喪失につながり、柔道の衰退を招く恐れがある。

③白い柔道衣は伝統的なユニフォームであり、選手識別の困難による審判上のトラブルもない。カラー柔道衣の導入は、柔道の伝統に対する配慮と敬意の欠如である。

④カラー柔道衣を準備すると、国際大会に出場するためには4着必要となり、貧しい国にとっては財政面や運搬上の負担が大きくなる。

⑤カラー化は、EC諸国の実情にのみ適合しメリットがあることで、これを世界に強要する姿勢は独善的である。

　結局、日本側がヨーロッパ側の意見を受け入れる形で、平成9（1997）年の国際柔道連盟の総会で正式にカラー柔道衣が導入されました。現在では、平成28（2016）年の全日本学生柔道優勝大会よりカラー柔道衣が採用され、国際大会のみならず一部の国内の大会においても導入されています。

7、競技スポーツとしての科学的アプローチ

（1）オリンピックにおける獲得メダルの推移

　平成13（2001）年、我が国の国際競技力向上のためのスポーツ医科学の拠点として、国立スポーツ科学センターが発足しました。また、平成20（2008）年にはスポーツ振興基本計画によって、日本のトップレベル競技者の国際競技力の総合的な向上を図るトレーニング施設としてナショナルトレーニングセンターが開所しました。さらに、平成27（2015）年には、文部科学省の外局としてスポーツ政策を担うスポーツ庁が設置され、第2期スポーツ基本計画（2017年〜2021年）が施行されました。柔道は日本のお家芸として、オリンピックでのメダル獲得が期待されており、国立スポーツ科

開催年	開催都市	男子		女子		日本メダル獲得数における柔道の割合	
		金メダル数	メダル総数	金メダル数	メダル総数	金メダルの割合	メダル総数の割合
1992	バルセロナ	2	5	0	5	67%	45%
96	アトランタ	2	4	1	4	100%	57%
2000	シドニー	3	4	1	4	80%	44%
4	アテネ	3	4	5	6	50%	27%
8	北京	2	2	2	5	44%	28%
12	ロンドン	0	4	1	3	14%	18%
16	リオデジャネイロ	2	7	1	5	25%	29%
	合計	14	30	11	32		

資料5　オリンピックのメダル獲得数の推移
女子柔道が正式種目となった1992年から2016年までのメダル獲得数をみてみると、金メダル数は男子が多いもののメダル総数では女子が男子が上回っている。

学センターの科学的サポートやナショナルトレーニングセンターでの強化合宿実施などを通じて、計画的な強化を図っています。女子が正式種目となった1992年のバルセロナオリンピックから2016年のリオデジャネイロオリンピックまでの獲得メダル数の推移を資料5に示しました。金メダル数は、女子（11個）と比べて男子（14個）の方が多いのですが、総メダル数では女子（32個）が男子（30個）を上回っています。

世界各国の競技レベルが向上する中で、オリンピックでメダルを獲得するためには、効率的な体力の向上、諸外国の選手の分析、新しく開発される技への対応、オリンピックごとに変わるルールへの適応、国際審判員の判定の傾向、ランキング制導入による各種世界大会での計画的なポイント獲得など、緻密な戦略が必要となっています。

(2) 柔道の競技特性

柔道の1試合における運動と休息の割合は、おおよそ2：1もしくは3：1の割合であり、この割合は男女とも差がないことが、これまでにも報告されています[11]。このうちの49±10%〜56.9±9%近くは組手争いで構成され

	総試合時間	待て回数	待て平均時間	寝技回数	総寝技時間	寝技平均時間
60kg	05:18.62	9.22	7.82	3.13	30.17	9.13
SD	03:08.86	6.01	2.11	2.79	32.51	4.82
66kg	05:34.68	10.00	9.11	4.53	38.65	8.73
SD	03:32.26	7.10	4.03	3.68	37.15	5.81
73kg	05:30.53	10.00	8.21	2.77	28.04	12.41
SD	02:08.20	4.97	2.31	2.51	25.36	9.79
81kg	05:21.14	8.37	8.45	2.89	27.02	9.44
SD	02:56.37	6.25	2.40	2.83	29.03	7.20
90kg	05:09.82	7.81	8.93	2.29	23.04	10.59
SD	02:38.85	5.09	3.36	1.64	23.47	6.36
100kg	05:28.99	8.08	11.06	1.64	12.43	6.61
SD	02:42.74	4.80	10.56	1.98	18.35	2.85
100kg超	04:36.32	6.10	10.08	1.72	19.03	11.09
SD	02:10.59	4.13	2.80	2.14	21.34	7.28

* $P<0.05$ ** $P<0.01$

資料6 男子階級別試合時間比較

	総試合時間	待て回数	待て平均時間	寝技回数	総寝技時間	寝技平均時間
	**	**		**	**	
48kg	06:25.00	11.28	7.70	4.50	45.40	13.13
SD	0:025.81	6.74	1.23	3.22	26.36	11.64
52kg	06:02.11	12.46	7.74	4.08	34.11	7.62
SD	02:53.77	6.79	2.05	2.10	21.85	4.65
57kg	05:31.28	9.17	7.96	4.63	46.98	11.90
SD	03:30.22	6.58	2.33	3.35	36.45	8.85
63kg	07:41.03	12.57	8.81	7.75	80.12	10.41
SD	02:46.63	5.85	1.63	4.39	52.40	5.40
70kg	04:33.54	7.46	8.22	2.88	29.56	11.95
SD	02:48.02	6.53	2.85	2.25	26.26	8.15
78kg	04:32.56	6.52	8.27	3.96	49.32	13.92
SD	02:34.35	4.95	2.90	2.79	36.83	10.71
78kg超	03:57.66	5.73	8.30	1.50	27.59	16.49
SD	02:58.09	5.33	3.50	1.66	21.80	13.31

* $P<0.05$ ** $P<0.01$

資料7 女子階級別試合時間比較

[12]、[13]、常に組み合っての技の攻防が行われるわけではありません。しかし、一旦両者が組み合った状態になると、相手の動きを察知し自分自身の得意技

を仕掛けるための集中力と[12]、前腕を中心とした強い筋持久力が求められます[14]。嘉納師範が推奨した乱取のように「強く握らず軽く摑む位」で握り、長時間の乱取試合にも耐えられるような柔道の理合いを重視した技の攻防から、大きな力を発揮する中で技の攻防を行う欧州のレスリングスタイルの柔道にも対応しなければならなくなってきました。平成15（2003）年9月に大阪で開催された世界選手権大会よりゴールデンスコア（GS）が正式に導入され、これまでのように試合時間内で勝敗を決する方式でなくなったことから、2005年から2010年の世界主要な大会におけるGSの数は増加し、試合時間そのものも延長していきました[15]。その結果、大きな力の発揮に加えてそれを持続するスタミナが必要となってきました。国内での強化選手選考並びに2010年世界柔道選手権大会の第1次選考でもあった平成21（2009）年の講道館杯の試合時間を分析したデータを見ても、1試合の平均時間は男女とも軽・中量級ではほとんど5分を越え、女子の63kg級では7分41秒となっています[16]（資料6、7）。

このようなことから、柔道は、ランニングのような有酸素性運動とウェイト・リフティングのような無酸素性運動の混合運動であると表現されることもあります[17]。一般的に1分間の全力運動では、無酸素性エネルギー供給機構の貢献率が約70％であるのに対し、3分の全力運動では、60％以上は有酸素性エネルギー供給機構に依存しています[18]。つまり、前述の63kg級のように1試合の平均が約7分のような運動は、無酸素性の供給機構のみでは継続することができないので、有酸素性の供給機構の貢献度も必然的に高くなります。そのため、運動特性に応じた無酸素性と有酸素性を強化するためのトレーニングプログラムを作成しなければなりません。また、柔道は運動そのものと「待て」による休息を含む断続的な運動であるため、平均的に10秒以内の「待て」[19]の間に、いかに早く心拍数を回復できるかというのも重要な要素になります。例えば、資料の女子強化選手のスピード打ち込み

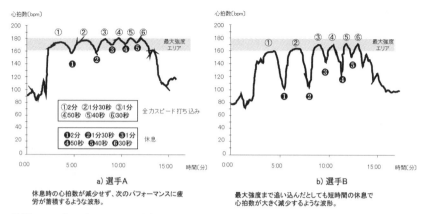

資料8　スピード打ち込み時の心拍数の推移

によるトレーニングプログラム時の心拍数の変化を見てみると、a) のグラフでは休息時の心拍数の減少は少ないが、b) のグラフでは休息時に大きく心拍数が減少しています[20]（資料8）。

このように、十分にトレーニングを積みコンディションの良い選手は、運動中止後の心拍数の回復も早いことが分かっており[21]、これらのこともパフォーマンスやコンディションを評価する上で今後、重要な指標となるでしょう。

8、まとめ

柔道が今日のスポーツとして発展した大きな要因は、嘉納師範による「乱取」による稽古法の開発であったことは間違いありません。そのことにより、誰でもが安全にかつスポーツとして柔道を楽しめることができるようになりました。一方で、カラー柔道衣導入時のように、競技柔道と伝統を重んじる"武道としての柔道"をどのように共存させていくかということは大きな課

題であると思います。しかし、宗教や国の違いを越えて行われている柔道だからこそ、人類共通の教育・倫理観を共有することが出来るのかもしれません。その意味で、今後、柔道は競技面の追求と同時に教育的な価値を創出し、これらを両輪として発展させる必要があります。

注

1) 佐々木武人、柏崎克彦、藤堂良明、村田直樹、『現代柔道論』、大修館書店、1993
2) 藤堂良明、『柔道の歴史と文化』、不昧堂出版、p113、2007
3) 嘉納治五郎、「柔道一斑并ニ其教育上ノ価値」、渡辺一郎編、『史料明治武道史』、新人物往来社、p91、1889
4) 嘉納治五郎、『柔道1（4）』、講道館、p4-5、1930
5) 尾形敬史、小俣幸嗣、鮫島元成、菅波盛雄、『競技柔道の国際化』、不昧堂、p197-211、1998
6) 柔道新聞、重量性に3つの案、4月1日、1961
7) 松本芳三、『柔道のコーチング』、大修館書店、p370-375、1975
8) 尾形敬史、小俣幸嗣、鮫島元成、菅波盛雄、『競技柔道の国際化』、不昧堂、p166-167、1998
9) ジャパンタイムズ、3月9日出版号、1996
10) 嘉納行光、「年頭にあたって」、「柔道」、講道館、p5-6、1994
11) Hernández-García R, Torres-Luque G, Análisis temporal del combate de judo, Revista Internacional de Medicina, Ciencias de la Actividad Física y Deporte 8, p52-60, 2007.
12) Calmet M, Miarka B, Franchini E, Modeling of grasps in judo contests, International Journal of Performance Analysis in Sport 10, p229-240, 2010.
13) Marcon G, Franchini E, Jardim JR, Neto TLB, Structural analysis of action and time in sports: judo, Journal of Quantitative Analysis in Sports 6, p1-15, 2010.
14) Franchini E, Miarka B, Matheus L, Del Vecchio FB, Endurance in judogi grip strength tests: comparison between elite and non-elite judo players, Archives of Budo 7, p1-4, 2011.
15) Boguszewski D, Relationships between the rules and the way of struggle applied by top world male judoists, Arch Budo 7, p27-32, 2011.
16) 曽我部晋哉、前原淳、山崎俊輔、「試合時間から分析した柔道の競技特性」、「講道館柔道科学研究会紀要」12巻、p107-115、2011

17) Bohannon J, The science of judo. Science 335, 1552, 2012.
18) Medbø JI, Tabata I, Relative importance of aerobic and anaerobic energy release during short-lasting exhausting bicycle exercise, J Appol Physiol 67, p1881-1886, 1989.
19) Miarka B, Panissa VLG, Julio UF, Del Vecchio FB, Calmet M, Franchini E, A comparison of time-motion performance between age groups in judo matches, Journal of Sports Sciences 30, p899-905, 2012.
20) 小俣幸嗣、曽我部晋哉、他16名、『実践柔道論』、p141-152、メディアパル、2017
21) Hagberg JM, Hickson RC, Ehsani AA, Holloszy JO, Faster adjustment to and recovery from submaximal exercise in the trained state, J Appl Physiol Respir Environ Exerc Physiol 48, p218-224, 1980.

第七章　フランスにおける柔道

曽我部晋哉

　明治15（1882）年に嘉納師範によって創設された柔道ですが、今や世界各国に拡がり日本語の「柔道」は、世界の「JUDO」として共通言語となりました。特に柔道は欧州を中心に発展を遂げ、中でもフランスは世界で最も柔道連盟登録者数が多い柔道大国として、競技成績のみならず教育的な観点からも今なお発展を続けています。

1、フランスの登録人口

　フランスにおける柔道連盟登録者数は、約57万人（571,744名）であり、我が国の（公財）全日本柔道連盟登録者数の約16万人（161,211名）と比較すると、約3.5倍もの人が柔道連盟に登録していることになります（2015年）。年齢別の登録者数をみてみると、4歳（5,304人）ごろから登録人口が増加しはじめ、7歳（59,528人）をピークに徐々に減少していきます（資料1）。

　日本とフランスの柔道連盟登録者数を日本の教育区分の年齢に合わせて比較してみると、フランスでは日本の小学校世代となるEcole élémentaire（初等教育6歳〜11歳：330,559名）の登録人口が顕著に多いのですが、本格的な柔道となる中学・高校・大学生世代では、ほぼ日本と同じぐらいの

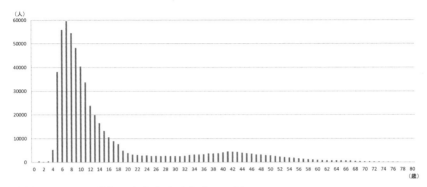

資料1　フランス柔道連盟の年齢別登録者数（2015年）
フランスにおける登録者数のピークは7歳で、その後徐々に登録者数は減少する。

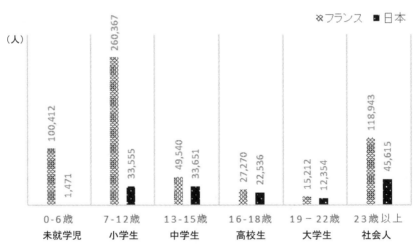

資料2　日本とフランスの教育区分別登録者比較（2015年）
フランスの未就学児、小学生、23歳以上の登録者数が日本よりも顕著に多い。

人数になります（資料2）。フランスでは0歳〜6歳までの未就学児が多いのも特徴的です。0歳を含む乳幼児が柔道そのものを実践することは出来ませんが、畳でゴロゴロすることや、相手とじゃれ合うことは、乳幼児の発育

	種目	登録者数	その他の参加資格者(ATP)	Total 2013 (licences+ATP)
1	サッカー	2,002,398	0	2,002,398
2	テニス	1,103,519	0	1,103,519
3	馬術	694,480	0	694,480
4	柔道	576,885	58,042	634,927
5	バスケットボール	491,271	45,620	536,891
6	ハンドボール	500,651	0	500,651
7	ラグビー	326,348	121,151	447,499
8	ゴルフ	414,249	0	414,249
9	カヌー、カヤック	41,578	343,769	385,347
10	体操競技	304,968	0	304,968
11	水泳	303,984	0	303,984
12	セーリング	264,768	12,864	277,632
13	陸上競技	256,459	5,154	261,613
14	卓球	193,241	0	193,241
15	バドミントン	179,429	0	179,429
16	射撃	164,601	0	164,601
17	スキー	136,098	0	136,098
18	バレーボール	96,866	29,396	126,262
19	自転車競技	119,247	0	119,247
20	漕艇	42,953	60,131	103,084

資料3　フランス国内における各競技の連盟登録者数の比較（2013年）
柔道の登録者数は、サッカー、テニス、馬術に次いで4番目に多い。

発達にとっても貴重なプログラムとなっています。また、フランスの23歳以上の登録者数は日本の約2.6倍であり、子どもの教育だけではなく大人になってからも生涯スポーツとして取り組まれていることも注目すべき点です。

　各競技の実践者数（連盟登録者：licence＋その他の参加資格者：ATP）を比較してみると、フランス国内ではサッカー（2,002,398人）、テニス（1,103,519人）、馬術（694,480人）についで柔道（634,927人）となり、4番目の登録者数になります（資料3）。つまり、フランスにおける柔道は多く国民が実践する人気スポーツの一つであると言えます。フランスでは日

本の部活動のように年間を通じて単一種目のみを実践するのではなく、一年間を通じて数種類のスポーツを楽しむ傾向があります。そのため、柔道連盟に登録しているが他の種目にも登録しているという人も多く、登録者数が日本よりも多いのは他競技と並行して登録していることも一つの理由に挙げられます。

2、フランスにおける柔道の歴史

1800年代後半、日本で柔術を学んだイギリスのエドワード・ウィリアム＝バートン・ライト（1860〜1951）が、1899年ロンドンにヨーロッパ初となる柔術クラブであるバーティツ・クラブを設立しました。このバーティツという名称は、自分の名前であるバートンとジウジツ（柔術）を混ぜ合わせて命名されました。このバーティツ・クラブでジウジツに興味を持ったフランス出身のエドモン・デボネは、パリに戻りエルニスト・レ＝ニエとともにジウジツの道場を作ると、次第にジウジツの人気が高まっていきました。フランスにおいてジウジツが発展した理由は、19世紀後半まで上流階級の楽しみとして行われていたスポーツが、経済が潤ってくるに従い一般の人々に余暇を楽しめるよう多くのスポーツ施設が設立されたこと、日本文化の研究者たちにより日本に対する興味関心が高まったこと、また、1870年のドイツ軍との戦いに敗れたことによる国民全体の体力向上の気運などが挙げられます。しかし、この日本古来の柔術は、戦国時代の戦に必要な武術として発展したものであり、本気で相手と技の攻防を行うと、どちらかが怪我をしてしまう可能性のある非常に危険なものであるため、通常のジウジツのクラブでは、いわゆる相手を想定して技のかけ方を繰り返す「形」の稽古が中心でした。

この当時、ジウジツクラブで教えられていたものは、エルニスト・レ＝ニ

エがロンドンで学んだ天神真楊流の柔術であり、柔道はまだ知られていませんでした。フランスで流行していたジウジツについて、近代オリンピックの提唱者であるピエール・ド・クーベルタンは、雑誌『オリンピック』（1906年）の中で「ジウジツは、護身術ではあるがスポーツではない。ジウジツの練習は、形を反復することが中心で、本気の攻防ではない。もし、本気の攻防を行えば、どちらからが大きな怪我をする可能性がある。」という趣旨の記事を掲載しています。つまり、1900年初期には、フランスではまだ柔道は普及していなかったようです。大正9（1920）年に嘉納師範がヨーロッパを訪問した際に、同行していた会田彦一がヨーロッパで講道館柔道の指導・普及を行い、大正13（1924）年にはパリで技術指導や講演を行いました。同年、会田がドイツに戻ったのちは、陸軍の招聘を受けた石黒敬七が派遣され、パリを中心に柔道の普及を図りました。このころ、柔道の発展に貢献したのが昭和4（1929）年ロシア系ユダヤ人であるモシュ・フェルデンクライスです。フェルデンクライスはパリ公共土木工事専門学校の中にフランス・ジウジツクラブ（Jiu-jitu Club de France）を設立して活動し、学生街（パリ五区テナール街一番地）にあったことも功を奏し、学生や教授陣など知的好奇心の高い層に人気を博しました。昭和10（1935）年には、川石酒造之助（1899〜1969）がフランスにわたり、日仏クラブを設立します。昭和14（1939）年兵役のためにイギリス国籍のフェルデンクライスが母国に帰国することになったため、当時盛況だったフランス・ジウジツクラブを川石が引き継ぎ指導することになりました。その後川石は、日本語に馴染みのないフランス人に日本語の技名を、足技一号、足技二号…のように番号をつけることで技術を学びやすくし、また技術習得の段階を明確にするために昇級帯のシステムを導入するなど、独自の工夫を凝らしていきました。このような川石の指導法は「メトード・カワイシ」や「メトード・K」と呼ばれ、広くフランスに浸透していきました。

パリを中心に柔道人口が増加したことにより、昭和18（1943）年5月30日にはフランス初の柔道選手権大会が開催されました。翌年に行われた第2回フランス柔道選手権も成功に終わり、昭和21（1946）年には、柔道・柔術のみの競技連盟であるフランス柔道柔術連盟が設立されました。当時、国内では柔道入門者が急増し、柔道の指導者が不足する状況の中、フランス柔道・柔術連盟設立前年の昭和20（1945）年にフランス柔道柔術教師協会が設立され、職業として柔道教師の立場を守るための組織が設立しました。その結果、柔道の指導者が社会的にも広く認められるようになり、昭和23（1948）年以降柔道初段の人数が飛躍的に増えていきました。フランスにおいて柔道が発展した大きな理由の一つに、柔道指導者が社会的にもステイタスの高い職業として浸透したことも挙げられるでしょう。その後、昭和25（1950）年に粟津正蔵（あわづしょうぞう）（1923～2016）、昭和26（1951）年に講道館推薦の安部一郎、昭和28（1953）年には道上伯（みちがみはく）（1912～2002）らの日本人指導者が渡仏し、今日のフランス柔道の発展に貢献しました。

3、フランスの指導者資格制度

昭和29（1954）年、柔道連盟に登録しない自称柔道教師が、ベトナム式柔道を指導している教え子に締技を施させた際に、そのまま亡くなってしまうという事故が起きました。柔道実施人口が急増する中、柔道指導者が国家資格化する前は指導者資格は特別に定められておらず、自称柔道指導者の増加や、学校体育において無段の体育指導者による柔道指導が行われていました。この事故が一つのきっかけとなり、昭和30（1955）年には柔道指導者が国家資格となり、柔道指導には資格が必要となりました。柔道指導者の国家資格化は、柔道指導者の社会的地位を高めることとなり、また柔道を習う人たちにとっても安全に合理的に学ぶことが出来たため、更に柔道が発展し

認定組織	資格名称	理論講習	現場実習	合計	受講資格	報酬
柔道連盟	AC 運営アシスタント	30時間	50時間	80時間	初段以上	無報酬
柔道連盟	AS 指導アシスタント	30時間	50時間	80時間	初段以上	無報酬
柔道連盟	CFEB 指導ボランティア	35時間	50時間	85時間	初段以上	無報酬
労働組合	CQP APAM 柔道準指導者	120時間	50時間	170時間	2段以上	有償指導
国家	BPJEPS 柔道指導者	600時間	最低200時間	600時間以上	2段以上	有償指導
国家	DEJEPS 上級柔道指導者	700時間	概ね500〜1200時間	1200時間	3段以上	有償指導
国家	DESJEPS 指導管理者/職業訓練責任者	700時間	概ね500〜1200時間	1200時間	3段以上	有償指導

＊AC : Assistant club　　＊AS : Assistant Professeur d'Arts Martiaux
＊CFEB : Certificat Fédéral pour l'Enseignement Bénévole
＊CQP APAM : Certificat de Qualification Professionnelle Assistant Professeur d'Arts Martiaux
＊BPJEPS : Brevet Professionnel de la Jeunesse, de l'Education Populaire et du Sport
＊DEJEPS : Diplôme d'Etat de la Jeunesse, de l'Education Populaire et du Sport
＊DESJEPS : Diplôme d'Etat Supérieur de la Jeunesse, de l'Education Populaire et du Sport

資料4　フランス国内の指導者資格の分類
指導者の国家資格は、BPJEPS、DEJEPS、DESJEPSの3種類である。

ていきました。

　現在、フランスにおける指導者資格は次のように7つに分類されています（資料4）。そのうち柔道連盟が独自に認定できる資格は、運営アシスタント（AC）、指導アシスタント（AS）、指導ボランティア（CFEB）ですが、これらの3種類の指導者資格は、ボランティアでの指導者資格であり、柔道指導により報酬を受け取ることはできません。柔道連盟及び国が認定する資格の他に、柔道準指導者（CQP APAM）と言われる労働組合が発行する資格があり、これは有償で指導することができ失業率上昇による雇用創出のために作られました。柔道指導者の国家資格は、柔道指導者（BPJEPS：青少年国民教育スポーツ職業免許）、上級柔道指導者（DEJEPS：青少年国民教育スポーツ国家免許）、指導管理者/職業訓練責任者（DESJEPS：青少年国民教

育スポーツ高等国家免許）であり、指導により報酬を得ることが認められています。

4、フランスの競技者育成システム

　近年、フランスの競技力も目覚ましく向上しており、オリンピックでも常にメダルを獲得しています。フランスと日本のロンドンオリンピック（2012年）とリオデジャネイロオリンピック（2016年）のメダル獲得数の合計を比較してみると、フランスは男女計12個（男子：金2個、銅2個、女子：金2個、銀2個、銅4個）、日本は男女計19個（男子：金2個、銀3個、銅6個、女子：金2個、銀1個、銅5個）であり、日本の方が獲得メダル数は多いものの金メダル数では両国とも4個ずつの同数となっています。つまり、競技面においても日本と均衡していることが分かります。

　フランスの選手は、地域の柔道クラブチームに所属しており、県大会で上位に入賞するとポール・エスポワール（Pôles Espoirs）に選出され、地方の強化拠点である強化センターで練習をすることができます。ポール・エスポワールは、ミニム（13歳〜14歳）、カデ（15歳〜16歳）の子ども達を対象としており、将来のフランスを担う人材を育成する目的があります。ポール・フランス（Pôles France）は、ジュニア選手（17歳〜19歳）及びシニア選手（20歳〜）を対象としており、全国大会で上位の成績を収めた若手の選手たちが所属しています。このポール・エスポワールおよびポール・フランスは、宿泊施設等も備えた地方の強化拠点である地方体育スポーツセンター（CREPS：Centre Regional d'Education Physique et Sportive）で練習が行われます。

　国内の予選を勝ち上がり柔道連盟から指名された選手は、オリンピックメダル製造所とも呼ばれている国立スポーツ体育研究所（INSEP：Institut

資料5　国立スポーツ体育研究所内柔道場
壁一面にこれまでのメダリスト達の写真が飾られ、栄光をたたえている。

National du Sport et de L'Education Physique）で、様々なサポートを受けながら練習を行っています（資料5）。INSEPに所属する選手の約半数はこの施設の中で生活しており、ここから大学に通学する選手もいます。

　このように、フランスでは地方レベルからスポーツ省、地方公共団体、柔道連盟が連携し、国家一丸となって選手を育成するシステムが整備されています（資料6）。

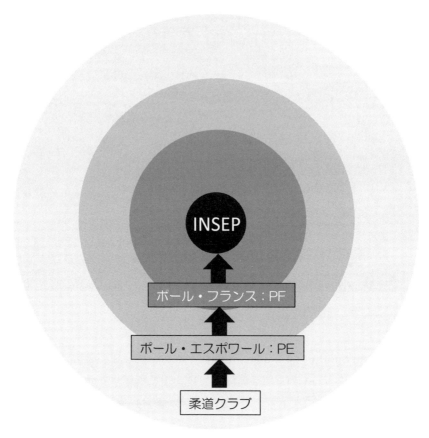

資料6　ナショナル選手（INSEP）の選出方法
地域の柔道クラブからポール・エスポワール、ポール・フランス、INCEPへと選出される。
INSEP（国立スポーツ体育研究所）：Institut National du Sport et de L'Education Physique

5、柔道普及の取り組み

(1) コード・モラル（Code Moral Du Judo）

フランス柔道連盟HPより https://www.ffjudo.com/les-valeurs

資料7　フランス柔道連盟が啓発するコード・モラル
フランス国内のほとんどの柔道クラブでは、コード・モラルのポスターが飾られている。

　フランス国内において柔道は、幼少期の習い事として一定の社会的地位を得ています。その理由は、柔道のもつ教育的な部分を強調している点にあります。最も象徴的な取り組みとして、8つの「柔道の道徳規範：Code Moral Du Judo」の啓発があります（資料7）。
　柔道が他のスポーツと異なる点は、柔道そのものが上記の道徳の上で成り立っているものだということです。そのため、子どもの習い事として柔道の人気があるのは、必ずしも「強くなってほしい」ということではなく、「立派な人間になってほしい」という想いがあるからでしょう。

（2）昇級制度
　フランスの柔道クラブには、黄色と白のストライプやオレンジ色など、あ

帯の色	白	白/黄	黄	黄/橙	橙	橙/緑	緑	青	茶
昇級最低年齢	4歳〜6歳	7歳	8歳	9歳	10歳	11歳	12歳	13歳	14歳

資料8 帯の色と最低年限
子ども達が目標をもって取り組めるように細かく段階に分けられている。

まり日本ではみられない帯をつけた子ども達がいて、整列すると実にカラフルです。子ども達は、年齢と柔道の習熟度によって、それぞれの級に対応した帯をつけており、全部で9種類あります。各道場の昇級審査は、フランス柔道連盟によって定められた共通の基準に従って行われます（資料8）。

　帯のランクは白帯から茶色帯まで段階的に設定されており、茶色が最も高い級、いわゆる1級となります。それぞれの帯には最低取得年齢があり、例えば茶色帯の試験は14歳になるまで受けることができません。また、それぞれに習得すべき技があり、昇級審査では指導者の前で技の審査が行われます。

　子ども達に対して柔道の級を連盟が認定することの利点は、柔道の評価が試合での勝ち負けのみで判断されるのではなく、習い事の習熟度として評価出来る点にあります。試合の勝ち負けで柔道そのものを評価してしまうと、柔道の試合に勝てない子ども達のモチベーションが下がってしまいます。子どもはそれぞれ発育・発達のスピードが違いますので、幼少期に試合の結果だけを求めすぎる風潮は必ずしも良いとは言えません。試合への出場とは別の観点から、柔道の技の習熟度や人間としての成長を認めてあげる級の制度は、子ども達にとっても柔道を継続するモチベーションにつながります。

（3）柔道パスポート

　フランスでは、練習内容、昇級年月日、試合出場などを記録するための「JUDO PASSEPORT：柔道パスポート」と呼ばれているものがあります。この柔道パスポートは、フランスのみならず欧州のクラブでも普及していま

資料9　柔道パスポート
左が子ども用、中央と右が成人用の柔道パスポートである。

す。子どものみならず、大人用の柔道パスポートがあり、試合の時には携帯しておく必要があります。道場によっては、この柔道パスポートを使用して子ども達に練習内容を記録させ、先生がチェックするなどの双方向のコミュニケーションを図っています。また、フランスの子ども向けの柔道パスポートには、学ばなければならない技がイラストで描かれ、自宅でも復習できる内容となっています。柔道に必要な基本的事項が記載されており、技の名称など不明点をすぐに確認できるようになっています。フランスでは、技の名称に対する適切な技のデモンストレーションを重視しており、子どもでもたくさんの技名称を覚えています。また、「靴をそろえる」、「勝っても相手の前で大げさに喜ばない」など教育的な部分もイラストなどで分かりやすく描かれています。この柔道パスポート、もともとは単に記録を管理するために作られたものだったに違いありません。ですが、これらが数十年かけて普及

第七章　フランスにおける柔道　201

して、現在では大人となった柔道家や子ども達にとってとても大切な柔道人生を記録し、証明する宝物となっています（資料9）。

6、市政への導入

　フランスは、欧州でも多くの移民を抱える国の一つであり、フランス人口における移民の割合は11.9％（2015年：OECD international Migration Outlook 2015）に上ります。移民の失業率は16.1％と非移民の約2倍の水準となっており、特に北アフリカ諸国出身者の失業率は20％を超えています（2013年：労働政策研究・研修機構）。また、学歴においても移民の半数近くは中学卒業相当の学業修了証しか所持しておらず（2013年：労働政策研究・研修機構）移民および非移民の間で学歴、収入とも格差が問題となっています。そのため、子どもの誰でもがクラブに会費を支払い、スポーツ活動に参加できるわけではありません。そのような状況から、Noisy Le Grand市では、フランスで初めて市として学校に補助金を拠出し、放課後、誰でも柔道に参加できるよう柔道衣を全員に貸し出し、さらに会費無料でクラブを実施する取り組みを導入しました。このことで、子ども達が仲良くなり、成人となった時に市が分裂しないよう「和」をもたらすことを目的としています。

7、まとめ

　フランスでは、日本から伝わった柔道が独自に発展し、競技スポーツとしてのシステムを構築する一方で、教育的な部分を重要視して将来の国を担う子ども達を育成する社会貢献に寄与しています。フランスの柔道が日本以上に盛んな理由に、柔道を単にスポーツとしてとらえず、「人間形成」という

ところに焦点を当てているからだと思われます。人が生きていくうえで、フランス柔道連盟が啓発している8つのコード・モラルは最も重要なことです。我が国も柔道のもつ価値を再度見直し、諸外国の発展過程を学びながら、よりよい社会づくりに貢献することが大切です。

第八章　障がい者柔道への誘い

佐々木武人

1、障がい者への生涯スポーツとして

　生活にスポーツが根づいている欧米では、ノーマライゼイション[注1]の理念が普及し、障がい者に対する心のバリア・フリーの思想が広がり、共生的な社会を築いていこうとの考えが求められてきました。そのような考えに基づいて、日本でも誰でもが種々のスポーツ種目に触れる機会を多くし、健康的で、豊かな生活の質（QOL）を整えることが大切であると考えられています。このことが、「Sports for all[注2]」の考えとして世界に広く伝わりました。スポーツは様々な目的で楽しめるように広く発展し、障がい者でもスポーツに触れ親しむことができる機会が作られてきています。
　障がい者は、スポーツによって身体活動の充実が可能となり、これが健康や体力の向上の促進につながり、自己実現が可能となり、生甲斐が感じられるようになりました。
　我が国でも現在その思想が導入され、障がい者もスポーツに親しめる環境が整えられてきました。2年後の2020年にパラリンピックを迎えます。日本の障がい者のスポーツ活動もパラリンピックに向け、参加のための準備に取りかかっています。しかし、まだまだ障がい者のスポーツ活動の普及は限

られていて発展途上にあります。今後は、障がい者のスポーツ人口とその活動の場所を増やしていくことが求められます。

2、「Judo for All」の理念について

「Sports for all」の理念に基づいて、最近は柔道でも「Judo for All」と呼称されるようになりました。柔道の創始者である嘉納治五郎師範[1]は、柔道を壮健な男性や青少年だけではなく、老若男女の性別もなく幼少の頃から誰もが柔道に親しめるような考えを持っていました。嘉納師範は、すでに「Judo for All」の精神を自覚していたことが伺われます。障がい者の柔道の始まりは、1931（昭和6）年京都の盲学校で、視覚障がい者に採り入れられたことです。誰にでも安心して健康的に生涯柔道として親しまれる柔道を発展させることが柔道の真価と言えるのではないでしょうか。

　現代の柔道は、オリンピックを頂点にスポーツとして競技へ特化して発展してきました。もともと柔道は嘉納師範の考える武道的、教育的価値により学校体育の教材に採用されてきました。その後、競技面が盛んとなり進化し、国内はもちろん海外に広く普及し、世界的な発展を遂げてきた背景があります。

　柔道の目的と手段的価値（資料1）を考えますと、元来、武術から発生し闘争性を有した柔道は、精神性を伴っています。それに基づいて単なる競技者だけを目指すのみならず、気力や体力を向上する目的、護身術として身を護るという目的、またリハビリテーション等の目的があります。このように誰もが柔道を親しめる要素が多く存在しています。柔道がすべての人に親しまれるよう未来を目指して人間作りに貢献できること、また、身心の健康を目指す柔道によって生きる力を助長できること。体力の弱い老若男女の人達でも行えること、気力回復はもちろん体力の回復に貢献できること等、柔道

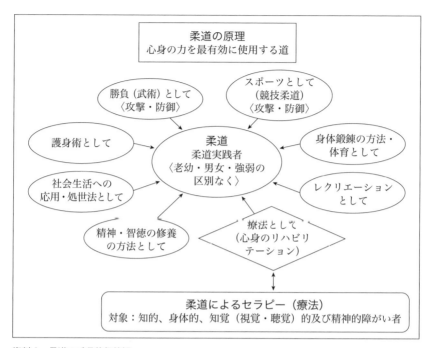

資料1　柔道の手段的価値観

は誰にもできる要素を多分に持っています。柔道を全ての人へという意味の「Judo for All」がスローガンとなる所以です。

3、障がい者に果たして柔道ができるのか

　私が当時大学の教員であった時に、大学の付属養護学校（現在は特別支援学校）の高等部の精神遅滞児（知的障がい、自閉症、ダウン症などの症状を有した生徒）に体育授業の単元として柔道を取り入れる際、心配したことがありました。校長先生と教頭先生へお願いの相談をしたところ、授業を実施

することに懸念を抱かれました。「障がい者に、柔道なんて大丈夫なんですかね」、「柔道は怪我しやすいし、技を覚えると暴力に使って投げ飛ばしたりするかもしれませんよ」、また「強くなって喧嘩に使ったら怖いですね」、さらに「試合などされたら怪我するのではないか」とか、「本当に知的障がい者に試合などができるんですか」など多くの疑問と心配が発せられました。そこで、欧米での障がい者柔道の実践例をお話をしたところ、理解していただき、実践する運びに至った経緯があります。

　実際に初めての指導でしたが、子供達は思わず「投げる、投げられる」ことに驚き、喜んでくれました。お互いに感動的な体験をしました。従って、生徒の心身の状況に合わせて楽しむ雰囲気を大事に行いました。また、怪我が起きないよう当該学年の先生方と指導体制作りに配慮しますと、心配を恐れず十分に指導することが可能でした。

　障がい者の中でも、視覚障がい者の柔道は1980年代に既に盲学校の課外活動などに取り入れられていましたので、体験指導した県立盲学校では先のような心配はありませんでした。たまたま、地区大会に出場参加のために指導を依頼され、全く初めての経験でしたが生徒は意外にも柔道の技の習得に意欲的で、試合までできるようになりました。

　ちなみに、視覚障がい者へ柔道を推奨する理由として、次のようなことが挙げられています（「障がい者スポーツ指導教本　初級・中級」：日本障がい者スポーツ協会（2012）より抜粋）。

・「視覚障がい者にとって柔道は、不安や緊張を伴わないものとなり、全身の筋肉も鍛えられる。動くことへの恐怖から解放され、視覚障がい者は精神的活動が活性化される。
・柔道は晴眼者と一緒に練習することができ、晴眼者に対する劣等感を持つ必要がないということを学ぶことにも役立つ。柔道を介し、勝ったり負けたり、倒れたり起き上がったりすることで、視覚障がい者は損失を相対的

にとらえることを学び、自制心や忍耐力を養える。
・柔道を介し挨拶し、尊敬し、尊重することを学ぶ。
・柔道の練習をすることによって社会的接触がしやすくなり、練習や試合が終われば、お互い談笑できるようになる。
・柔道は対人的競技であり、組み合うことにより、いつも相手がどのような動きをしようとしているのかを知ることができる。

　視知覚の障がいを補うためには、運動知覚（筋と関節の固有感覚）に依存するしかないので、柔道によって運動知覚が訓練されます。

　以上、知的障がい者と視覚障がい者への指導体験の一端を述べましたが、指導の上では本質的には変わりません。それぞれの障がいに応じての指導内容と方法を実施することが大切です。いずれも運動感覚の拡張と向上へ寄与し、広がりのある身体運動や生活行動が期待されます。特に、視覚機能に障がいを持つ人にとっては、柔道は運動知覚を訓練することに最も適した身体活動であることが認められています。

4、障がい者の柔道における欧米の研究動向と我が国について

　我が国では、柔道が今まで精神障がい・知的障がいを持つ人達に対して、広く一般的に運動や体育・スポーツとして、あまり行われていませんでした。また、運動療法などの福祉面の視野に焦点を当てた研究実践なども余り多くみられません。欧米では、特に武道種目の空手や柔道等が運動療法の手段として用いられ、我が国よりも先んじて精神・心理医療面のリハビリテーションとして行われています。さらにレクリエーション的なスポーツ種目として楽しまれ、障がい者の競技会も行われています。そこで、障がい者における柔道指導がどのように実施され研究されているかについて、先進国の欧米に

おける柔道の療法性を適用した研究報告[2]よりその動向についてとらえました。

(1) 知的障がい者と精神障がい者を対象とした研究

　フランスの、Burel, H.、Bui-Xuan, G.（1989）らの「ハンディキャップを背負った人達への柔道指導」について研究報告。Cardinal, Y.（1978）の障がいを持つ子ども達に柔道による楽しみ方と柔道の技能指導についての研究報告。いずれも、対象者への柔道の指導法と身体の調整効果を調べたものです。Prieur, J. C（1983）の精神疾患を持つ障がい者に統合作用を施すため、柔道指導による精神医学の面からの研究報告などがあります。

　ドイツでは、Gaertner, A（1990）は、「身体に障がいを持った人を柔道によってスポーツへ統合すること」と題して、柔道は、個人が自分の能力水準に集中することを可能にし、児童、青少年、成人の発達を促進する総合的な手段であること。身体の不自由な人や体力のない人は、この重要な柔道のスポーツで体力や精神面の効果的な訓練や、挑戦意欲を見つけることができること。柔道には健常者と障がい者のグループとが一緒になってできる良さがあること。柔道の技術内容において投技や固技から色々と組み合わせができて初心者にも適するものであることなどを見出しています。van Hal AJ（1969）は、「精神障がい者のための柔道の意義」の研究で、特に知的障がいを有した人達への柔道の有意義な効果を明らかにしています。

　Van, Krevelen, D. A.（1974）は、「精神遅滞児の運動療法における柔道ー調査の結果」と題して精神遅滞児の体育教育法のひとつであるフロスティッグ[注3]のムーブメント（運動）療法により柔道を知的障がいのある子どもに適用し、その効果について報告しています。Bonfranchi, R（1980）は問題行動を持つ学生のための治療（セラピー）として柔道を試みた報告があります。Baumann, C.（1999）は、多数のハンディキャップ（精神障がい、

てんかん）に苦しむ参加者の柔道活動（訓練）について身体調整を調査し、規則的な柔道トレーニングの可能な影響を調べました。対照群と障がいを有する柔道実施群を設けて縦断的に研究を実施し、柔道実施群の訓練効果の改良が対照群より著しく大きく、柔道トレーニングは療法的に活性化し長期的に身体調整を豊かにできることが認められました。また、May, T. W.、Baumann, C.; Worms、L.; Koring、W.; Aring, R.（2001）らは、重複障がいおよびてんかん症状を持った青年を対象に、身体の調整と姿勢の動揺について柔道トレーニングの影響の研究を試み、その結果、柔道実施グループが身体的な調整および身体動揺の点で改善が示され、柔道には体の調整とバランスに良い傾向があると見なしています。

　イタリアではVisalli, S.、Sozzi, G.、Vizzardi, M.（1995）らは、知的障がいのある被験者に適用されたスポーツ活動としての柔道は大きな効用が示されたことを報告。様々なタイプの精神障がいのある人々が7年間の柔道教室の経験から効能が明らかにされ、成功したことを強調しています。

　英国ではGleser, J; Lison, S（1986）らは、情緒的ノイローゼの青年のための治療として柔道による療法の効果について、カナダのTherme, P; Raufast, A（1987）らは、精神病の子ども達を対象に柔道練習を試み、療法の効用について報告しています。

　アメリカではDavis, B. and Byrd, R. J.（1975）らが、教育可能な知能発達障がい者を対象に柔道の効果について体力や心身の調整などに効果的な面があることを明らかにしました。Gleser, J. M.、Margulies, J. Y.、Nyska, M.、Porat, S. and Mendelberg, H.（1992）らは、修正された柔道の訓練形態により、精神遅滞児7人のクラスによって実施され、隔週の訓練プログラムを6ヶ月間続けて行いました。その結果、体力、運動能力、心理社会的態度の改善が示されました。そこで、条件に合わせて修正した柔道の指導が、複数の障がいをもつ子どものための治療的、教育的、レクリエー

ション的な教材に使用できることがわかりました。

　Gleser, J. and Brown, P.（1988）らは、精神病的症状である葛藤・軋轢(あつれき)を解決・緩和するための方略として柔道における原理・「柔の理」注4)を応用した指導を試み、柔道の効用の成果を報告しています。

　以上のように、知的障がいや精神的障がいへの柔道指導は一定の効果を期待できることを明らかにしています。

(2) 視覚障がい者と身体障がい者を対象とした柔道研究

　視覚障がい者に対する柔道の試みでは、Lignac, B.; Weil, M.（1987）らの、完全盲目者と半盲目者のための柔道の動きの違いについて調べた運動学的な研究報告。Loetje, R.（1981）は、柔道コーチが視覚障がいを持つ18人の子ども達のグループに柔道を教えた経験について報告し、柔道を単に教えることだけではなく、考案した特別の練習方法や用具などを用意し、子ども達の自信を向上させ、荒れた気持ちを低下させる手段として指導しました。その結果、顕著な傾向として、障がいのなかった子ども達ともうまくコミュニケーションが図れ、心身的な統合ができたことを挙げています。

　視覚障がい者においては、試合の競技面で著しく発展し、晴眼者とともに殆ど同様なルールで実施が可能です。国際大会やオリンピックと同様な世界的大会であるパラリンピックにまで発展しています。従って、彼らの競技力向上のためのコーチング方法や試合のルールと運営等については、柔道の競技団体の支援を得ている現状です。1996年に国際柔道連盟の協力により国際パラリンピック委員会へ柔道試合の審判についての規定が出され、1996年の「盲目のアスリートへの柔道コーチング」に基づいて、1998年には視覚障がい者のための国際的な柔道トーナメントが実施されました。

　ベルギー（DGAC Productions：1980）において、身体障がい者（四肢障がい）と柔道の研究では、脳性小児麻痺の子ども達を対象に身体活動とし

て柔道を試みた映像報告があります。脳性小児麻痺を持った人々が身体的活動に参加することができる範囲で、その活動に参加した結果の利点や効用の注目点を紹介しています。その柔道活動のタイプはハンディキャップの厳しさの程度によって異なりますが、彼らにとっての柔道の練習は体力向上などを伴う体育性の効果を含んでいること。他の運動と同じように柔道によってバランスが改善される利点や、移動運動の調整、心身の統合、自己イメージおよび空間構成に効果のある可能性を有し、体力の改善と療法性を見出しています。

フランスでは Pelletier, C（1975）が、障がいを持った幼児に対して柔道を試み、Bontranchi, R.（1980）は、先天性四肢奇形を持った青年のための柔道について報告しています。いずれも療育的な指導での効果をあげています。さらに、彼は行動障がいのある学生のためのセラピーとして柔道を用いたことを報告しています。

ドイツの Koo, de, A.: Haan, Alkema, de, W. らと、フランスの Burel, H; BuiXuan, G.（1989）や Weil, M.（1991）、米国の Gaertner, AV.（1990）らは、同様に身体障がいを持つ人達への柔道指導について実践的な教育方法、身体の統合志向性、社会性の面から検討しています。

スペインの GARCIA GARCIA Jose Manuel（2003）らは、車椅子の脊髄損傷者の機能回復を目的としたリハビリテーションに柔道を採用し、特に寝技の練習をとり上げ、その指導内容と方法並びにその効果を追求した報告をしています。

（3）我が国の障がい者柔道の研究

国内の事例研究においては、いくつかの施設や病院等で、精神障がい者、知的障がい者を対象に柔道療法を行っています。大阪の重度身体障がい者更正施設である「わらしべ学園」[9]では、古くから、障がい者の療育に柔道を

積極的に導入し実践しています。脳性麻痺や知的障がい児を対象に柔道を療育の一つとして始められ、彼らの持ち味を十分に引き出しながら自らの内発性で自己改造をすすめてゆくハンガリーのペトー法を基盤に据えた日常生活全般を通じた集団指導療育を実践しています。特に、痙直(けいちょく)性四肢麻痺の少年が歩行がままならなかったのが、受身を会得し、立ち上がって乱取ができるようになったこと、右片麻痺の医学生、言語障がいの小学校5年生、右片麻痺の小学校1年生らが柔道を試みて技を競い合うようになったことで、柔道の効果が示されています。我が国の柔道の療法的な運動指導では先導的な研究ケースであると言えます（橋本、柏崎（1995）[3]、中島ら（2012）[16]）。

佐々木・坂本（1996）[7] 佐々木（1999）[8] らは、養護学校高等部に在籍する精神発達遅滞者に対して柔道指導による効果を検証し、柔道の療法的な練習により身体の技能改善と精神面の健康の改善に寄与する要素があるとの見解を示しています。また、同様な知的障がい者の生徒を対象とした東京都立青鳥特別支援学校の実践例 [10] もあります。仲野（2010）[5] 宇都宮・濱田（2009）[6] は愛媛県の居宅サービス事業所アユーラステーション松山、特定非営利活動法人マミー学園の2施設の知的障がい者に対する療法の取り組みを報告しています。マミー学園の仲野先生は心の表現を引き出す手法として柔道療法を30数年間の長きに渡って行い、患者が柔道稽古の体験を詩作として表現する活動を実践しています。

精神障がい者への柔道の臨床的な適用研究は、我が国では今まで行われていませんでしたが、療法として積極的に導入している精神科医の研究[4],[11],[16] があります。運動療法については後節で詳しく紹介致します。

以上のように、研究、実践が行われているところは限られ、研究者および指導者も少なく、従って研究そのものも少ないことは否めません。

このように、欧米での柔道による療法は広範囲の障がい者を対象に取り組

み、その研究が積極的に行われていることが伺われます。柔道の新たな価値を臨床的な場で見出し、柔道の有効性を明らかにしていることが理解されます。欧米と我が国の研究より、主な特徴として次のような点が挙げられます。
1）体力が向上し、相手と競い合うことで自信がついたこと。
2）自分自身の意思を表現できるようになり、十分に相手へ伝えることができること。
3）精神的に明るい考えに変わり、積極性と勇気が湧いてきたこと。
4）相手とのコンタクトにより、相手の体力と意志の強さを感じられ、自分自身を省みることができるようになり、それによって自己調整ができるようになったこと。
5）相手の気持ちがわかるようなり、相手と良好な関係を築くことができるようなったこと。
6）身体の不自由な部位の拘縮した関節部に可動性が見られ、機能回復ができるようになったこと。

　など、柔道に多面的な効果のあることがみられ、心理的な葛藤を解決するための可能性をも有し、精神面や体力の調整に有効であり、姿勢の調整や態度形成、運動能力の開発にも効果を発揮していることなどがうかがわれます。

5、障がい者柔道の運動療法としての実践

（1）欧米における精神障がい者への柔道のとらえ方[12]

　欧米では、柔道の誕生国である我が国よりも、柔道の長所を先駆的に精神・心理医療面のリハビリテーションに注目し、精神心理学的側面からの運動療法の検討がなされています。精神調整の効用が次第に明らかにされ、応用されています。

精神障がいや行動上の不適応、その他の情緒的な問題を持つと考えられる人々への柔道による療法的な活用を実践する際に、柔道の文化的特性を理解しながら心理療法[注5]と共に指導し、精神的な面の症状等を和らげたりすることで改善が試みられています。精神科臨床では、薬物療法や言語による心理療法の補助的な役割として柔道が可能であることが認められています。
　我が国での精神障がい者における運動療法としての柔道指導の応用を考えるときの参考になり得ます。

1) 柔道の精神療法への応用

　アメリカのWeiser M. らは、柔道について、単に組み打ちや離隔での攻防による競い合いの形式以外に、精神心理学的分野の研究の立場より、柔道の特性から運動療法としての側面が所有されていることを明らかにしました。さらに、柔道は心理療法への補助としての可能性があると臨床事例から考察しています。特に、言葉がけの心理療法は、柔道による補助的な身体運動を伴うことによって、その有用性が過去20年の実績から明らかにされています。
　対人的運動の柔道は、すでに心理療法の補助的な側面で補足的療法のリストに採用され、本来の療法と同じぐらい価値があると認識されています。以前、欧米では柔道は有用性が無いものと認識されていましたが、対人的格闘形式である柔道の価値的手段、すなわち身体鍛錬と体育および精神・智徳の修養の方法等によって、身心の健康を促進させることが明らかにされ、正当に評価されるようになりました。
　柔道は身体と精神のリラクゼーションや心と体の制御を促す考えとして教えられ、自信と尊敬する気持ちの増強に結びつき、さらにその訓育はコミュニケーションや、共感する能力、勇気、謙虚、忍耐、優しさ、他への敬意、責任と自己改良の可能性へと生かされ、率直及び誠実等の態度が修得される

ものとなりました。

　さらに、柔道は攻撃・防御の方法並びに自己防衛の方法としてより一層理解されるに至り、さらに、治療的な価値をも有していると評価されました。

　柔道と心理学の関連分野では、精神的に変調を来した人のために、柔道訓練の過程を通じて心の訓育と身体訓練の治療の効果を調べた研究が多く取り上げられました。例えば柔道訓練の指導は、言語の心理療法と類似性が見られ、柔道訓練による精神的な健康の効果と、自尊心や自信獲得の可能性、また攻撃の感情や傷つけられやすい感情等が抑制されやすくなったことなどです。更に睡眠障がいや意気消沈（憂うつ）の減少などにも効果があると考察されています。このように、柔道での訓練が精神的・心理的に障がいを持つ人たちや、比較的健康な人々にも役立つことが明らかにされています。

　柔道における有益な心理上の変化は、柔道固有の彼我との対決のメカニズムという特性から、身体訓練の向上を求めた柔道の練習者に、より一層附加的な発展的変化を及ぼす効果を有していることも明らかにされています。元来、柔道の修行において技の動きを習得することは複雑で、長期の過程が要求され、それは、すぐには効果を生み出さないとされてきました。従って、柔道の練習効果は、最も長く練習した人たちが最も高い自尊心を示すように、長い時間にわたる稽古が必要であることがわかってきています。

　柔道の精神的な効果を取り上げた文献においては、身体活動と集団経験の過程で、指導者の積極的な役割のモデルが大切であるとされています。従って、柔道の訓練では、敬意、謙虚、責任、忍耐等の重要な点に指導の焦点を合わせることが必要とされます。これらの態度と価値が障がい者にとって良きモデルとなり、多くの領域に一般化されることができるようになり、柔道の攻撃・防御の原理は、多くの生活の領域に適用できると考察されています。柔道指導における障がい者への言葉掛けを重視する指導と心理療法の目標と方法とには、類似性を有しています。それは周囲と自分自身の存在を改善し

て成長することを目的とし、周囲との対峙の中で、自分の性格の内面を理解するための訓育という点です。すなわち、周りからの恐れや困難を体験しながら、自分を周りとの関係から省察し、同時に克服することで、柔道による心の回復が可能とされています。

　以上のような療法的に応用可能な柔道の心理学的研究の報告では、適切な指導による柔道が、障がい者の健康診断やコミュニケーション能力、そして精神的症状を改善する効果が認められるようになりました。

2）心理療法としての柔道

　柔道の心理療法への適用は、心の健康という目標に到達することです。以下はWeiser M. らによれば、その効果は障がい者の今までの身体的な経験に帰因するとされています。また、言葉による心理療法以外でも、柔道による身体の学習において、精神面を改善することができると述べられています。それは、心身の統合の認識が促進されことであり、リラックスすること、焦点を合わせること、コミュニケーションをとること、我慢すること、そして自己の気付きと自己の受容などが可能であり、障がい者が改善に努力している間に、自ずと習得されると言われています。その心理療法の成功のためには、武道訓練の適切な調和と程よい管理が求められます。それにより、障がい者が自信と自尊心の感情を高めることができると言われています。

　言葉による心理療法と類似している点は、柔道を習得する場所である「道場」です。そこでは、伝統的な柔道の白い道衣を着ることにより、心理的に日常の世界から独立し、非日常の世界に入ることができます。この道衣を身に着けることで、自律的に精神療法ができるような雰囲気が醸成されます。また、その道場では、修行者自身が自己の人格上の欠点を認識し、自分自身の問題に直面し、内省しながら変化しようとする姿がみられます。これは、禅における老師と弟子の掛け合いの「公案問答」[注6]と似ています。それが、

心理療法と同じようにその過程はつらく、挫折と隣り合わせですが、問題行動を有する人、自尊心の低い人、貧弱なボディ・イメージを持つ人、憂うつと不安にかられている人等、いわゆる「神経症障がい者」の人々にとっては、自己変革のために特によい機会を与えてくれます。

また、興味深いことには、臆病で内気であるにもかかわらず、高い攻撃性を有する人達は、柔道の稽古で習得した攻撃心の制御によって自己抑制ができ、好ましい態度への変容が認められることを Weiser M. らは明らかにしています。

以上のように、柔道の療法としての価値は、障がい者の身心の健康保持のためには必要な科目であり、慢性的な精神の病気を有する情緒不安定な人々に対しては、適切な療法であると考えられています。

なお、障がい者には、訓練中に精神病の再発と暴力的な爆発も予想されますので、絶えず監督が要求されます。その監督は聡明な指導者で、障がい者に尊敬される人が相応しく、障がい者の地位・立場を理解できる観察者であることが望ましいとされています。従って、療法としての柔道は、制御を失う可能性が高いような、不適当に習得した技を使用する人々のためには禁忌の指示を与えます。残念ながら、全ての精神障がい者に対して、柔道による療法を応用することは無理で、対抗する相手に過剰な意識を持つことで、相手を制御する技が暴力に変容される場合があり得るからです。

イギリスの Fuller, R. F. は、「武道と心理学的な健康」の中で、歴史的に見て、東洋の柔道の学習は「全人格的な訓練」を含んでいると認識し、生活全般にわたって、柔道の師匠は指導者として、助言者として、セラピセト（心の病を治す人）として、弟子を育てたことを明らかにしています。彼は、柔道には心理療法としての可能性があることを認識し、柔道の指導と言葉による心理療法の間には多くの共通要素が存在していることを取り上げていま

す。

　以上により、柔道の心理療法への適用の可能性については、柔道が持っている豊かな心理学的意味あいから、療法に適用できるとされています。実践においては、グループ（集団）療法の適用が奨められ、対人的な攻撃・防御の相互作用のある運動によって心身の柔軟性の向上が目指されるべきであると述べています。その効果によって、初心者はすぐに自己効能感を感じることができるとしています。この感覚は抑うつや受動性の高い障がい者を治療する際に役立ち、障がい者の自尊心を高めることができるとしています。
　更に、柔道の動きのいくつかは、日常生活での心の葛藤や問題に対して、身の処し方に対する示唆を与えるだけではなく、段階を追って、大きな困難や逆境にも対処できるような訓練へと発展していけるような療法を検討していく必要があると述べています。

「結論」として次のように言えます。
①欧米では、柔道に対する認識が単なる闘争の技能様式だけとして理解されていましたが、現在では身体と精神の両面の健康に対し、柔道の幅広い心理学的研究アプローチによって貢献が可能であると見ています。
②柔道における身体の活動と集団グループでの経験の教授により、集中力や自信、率直さが養われ、誠実なコミュニケーションを通して自尊心を持つことが可能であり、神経症かつ若干の慢性的な精神病障がい者のためには、合理的な療法であることを認めています。
③言葉の心理療法とともに補足的に柔道を応用することで、自己洞察の可能性が示され、好ましい感情・態度のベクトルを促進できることが明らかにされました。
　最後に、柔道は運動療法としての可能性があると考えられ、今後我が国で、

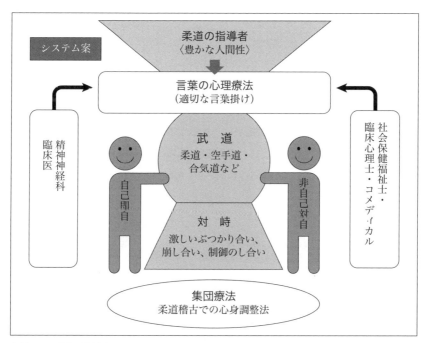

資料2　柔道等の精神障がい者への運動療法──指導システム案

　精神障がい者に対し療法的に応用する場合、指導者の養成と指導プログラムを構築し、加えて臨床心理の知識を持つことが求められます。指導者は（資料2）のような精神神経科の医師とコメディカルの人達との協同的なシステムを組織化することが必要です。

(2) 我が国の精神障がい者への指導実践例について
　欧米の考えに近い形で、柔道療法を応用している医師が我が国にもいます。精神障がい者への柔道指導によるリハビリテーションについて、島根県浜田市にある社会医療法人清和会・西川病院理事長で精神科の医師でもある西川

第八章　障がい者柔道への誘い　221

正氏が臨床的に実践研究[4]、[17]をされています。

　西川病院での医療従事者が行う柔道療法では、柔道の稽古に認知行動療法、特にSST（社会生活技能訓練、Social Skills Training）[注7]を導入し、実践している点が他の施設にはない大きな特徴です。医学的見地からも有効な取り組みであり、柔道療法だけではなく、障がい者の柔道ならびに柔道の指導において大変重要な知見が示されています。また、今後の障がい者の柔道と柔道教育の普及に活用されるべき点が多々あるように思われます。

　今回、知的障がい者と精神障がい者への柔道による運動療法の可能性と有効性について研究している、柔道の研究者である福山大学の中村和裕氏らが、西川医師の実際の指導現場を訪問しました。その時の内容を次のようにまとめて述べています[11]（著者の研究報告より一部抜粋）。

1）　西川病院における柔道療法の取り組み

　西川病院が掲げる柔道療法の考えは、「勝負に拘らず、自然体で楽しい柔道」とし、厳しい修練の場ではない、という考えです。性別・体格・疾患・柔道経験を問わず、患者・職員が入り混じって楽しむクラブ活動であり、柔道のエッセンスのみを取り出し、練習時間は1時間以内で終了。また、リハビリテーションとして柔道衣を着用し、組み合うことで相手の気力・体力・技術レベルを直接感じられるユニークなリハビリテーションと考えて実践しています。

2）　西川病院の柔道療法20年の歴史について

　西川病院で柔道療法の取り組みが始まった理由は、西川医師の意向です。西川医師は中学生の時に柔道を始め、71歳になった今でも稽古を行っています。

　1975年、西川医師が28歳のとき西川病院に赴任し、病院内に30畳弱の

柔道場と柔道クラブを作り、柔道によるリハビリテーションを開始しました。当時の柔道療法は、現在の活動とは異なり、通常の柔道稽古に近い活動でありました。この活動が現在まで続いているわけではなく、当時の活動は約4年間で終了しています。当時の著効例は、自衛隊出身で柔道有段者の統合失調病患者でありました。当初、社会復帰困難と思われた無為自閉状態が、約1年半の柔道練習で改善し、退院後はタクシー運転手として社会復帰しました。当時の柔道療法は学校柔道をそのまま患者に適用したものであり、柔道有段者にしか適用できませんでした。

現在の柔道療法は、西川医師が47歳のときに心筋梗塞を患い、運動の必要性を感じ、再び、柔道クラブを再開したことが発端となっています。そして、現在まで24年間、週1・2回行っています。現在の柔道療法は、1970年代に行っていた柔道療法とは大きく異なり、競技力向上のような柔道練習ではなく楽しく行う柔道練習であり、SSTとしても実践されています。

3) 柔道療法の内容と特徴

表（資料3）は練習内容を示しています。練習は休憩を挟みつつ、1時間の内容です。病院の作業療法士による帯を使った体操と1組ずつ行う乱取以外は、おおむね通常の柔道稽古と同じ内容です。

西川病院の柔道療法の特徴をまとめますと、①1組だけで行う乱取、②参加者を問わない柔道練習、③作業療法士による帯体操の3つが挙げられます。

①1組だけで行う乱取

西川病院の柔道療法では柔道を始めたその日から乱取を行います。この乱取は通常の乱取とは異なり、経験者が初心者の未完成の投技に対しても、投げられてあげる約束事があります。技の指導と習得が十分でなくても、ある程度の技術習得で乱取を行わせます。また、通常の乱取のように複数組で行

経過時間（分）	練習項目	内容
0	始まりの礼	
1	体操	各部位をラジオ体操の要領でストレッチ。
4	帯を使った運動	帯を解いて、両手で帯を持ち様々な方向にストレッチを行う。その後ストレッチ動作に動きを組み合わせた運動を行う。
11	筋力トレーニング	腕立て伏せ30回。 腹筋20回、2人組になって足を持ち合う。
15	柔道寝技動作	脇締め：うつ伏せになり両腕を前に出し引きつけて前に進む。 エビ：仰向けになり、畳を蹴って体をくの字にし、両手は前方に出し、頭の方向に進む。 逆エビ：仰向けになり、畳を蹴って状態をはね上げ足の方向に進む。
18	受身	横移動受身。 前方回転受身。
21	休憩	
23	打ち込み	2人組になって、それぞれの選択する技を10回ずつ、10回程度。
25	実践練習	乱取は複数組で行わず一組で行い、他の参加者が見守り、技がかかれば拍手をする。乱取は障がい者と健常者のペアで行い、技を入りやすくさせる配慮をしている。
55	体操	
57	終わりの礼	

資料3　練習内容

わず、1組だけで行い、他の参加者はその1組を見守ります。組み手争いはせず、最初から組み合って乱取を開始します。技を無理に防ぐことはせず、技が決まれば、見学者を含めた全員から拍手が送られます。乱取は障がい者と健常者のペアで行い、技を入りやすくさせる配慮をしています。これは柔道の醍醐味の投げるという動作を練習初日から味わうことで、柔道の楽しさを伝えることに繋がっています（資料4）。

②参加者を問わない柔道練習

真剣勝負にしないという約束事があるので年齢も問わず、男女を問わず、

資料4　一組で行う乱取：一周りで褒めたり激励する。

資料5　参加者全員で相手を自由に選んでの乱取

身体の大小も問わず、障がい者と健常者、無段者と有段者が入り混じって柔道を楽しめます。しかし、障がい者対障がい者や初心者対初心者は真剣勝負になり易く、怪我の可能性が出てくるため、行わないように配慮をしています。また、病院関係者以外の健常者（柔道有段者）も参加して相互理解を深めます（資料5）。

③作業療法士による帯体操

　西川病院には柔道経験のある作業療法士が数名おり、その作業療法士が考案した帯を使うストレッチと体操を練習の初めに行っています。帯体操はアップテンポな音楽に合わせて行われ、楽しく運動のできる雰囲気づくりがなされています。また、手と足で別々の動作をする体操を含める等、作業療法士ならではの工夫が見えます。他にもこの体操では帯のダブリを使って音を出す動作など、聴覚も刺激しながら運動を行っています。柔道療法を見学している病院患者や付き添いの看護師も帯を使った体操に参加しています（資料6）。

4) 西川病院の柔道療法とSST

　西川病院の特徴は、精神障がい者と知的障がい者に対するSSTとして実践している点です。その実践により、問題の場面に遭遇した場合の適応能力を高めることを目的としています。

　柔道療法にはSSTの3つの要素が含まれています。第1の要素は、柔道家を演じるロールプレイング（役割演技法）です。佐々木（2003）は「柔道であらかじめ定められた『形』の役割演技法あるいは打込（投技）の反復的な練習は、リハーサル的な行動と実験的な療法であるテクニックの補助的な役割演技法とは非常に類似している」と述べています[13]。実際、柔道療法に取り組む障がい者を観察していますと、運動の楽しさや技の鍛錬だけではなく、柔道家を演じる楽しさをも享受している様子が見受けられました。

資料6　参加者全員で帯体操

　具体的には、病院関係者の話では柔道療法への参加によって、普段は身支度のできない患者さんであっても、柔道療法前後の準備や片付けを手伝うようになってくるケースが見られました。また、練習後には紙コップに入ったお茶が提供されますが、患者のひとりが訪問した初めての柔道指導者の先生に渡しに行ったことで、病院関係者たちを驚かす場面もあったようです。普段であれば、他の参加者よりも先にお茶をもらいに行き、休憩する患者であったようです。

　柔道療法に取り組む患者にとっては、「柔道家」は礼儀正しい存在であり、柔道家を演じることで他者を意識した行動へと変化させる効果があるように感じられます。そのため、患者にとって「柔道家」は最適なロールモデルになっているとも考えられます。

　病院関係者へのインタビューでも、柔道療法には脳内のドーパミンを賦活させるだけではなく、適正なレベルに抑制する効果があるとの意見がありました。通常の運動では、興奮状態を誘発することによって過剰な興奮状態に

陥ることもありますが、柔道家を演じることで、自らの興奮状態を（他者に迷惑を掛けないような）適度なレベルに抑制する効果に繋がっているのかもしれません。これらの点から、柔道療法には、患者の感情的な行動を抑制し、自制的で協調的な行動を引き出す効果があるものと考えられます。

　第2の要素は、柔道が全身の感覚を使ったコミュニケーション訓練になっている点です。柔道では相手と組み合う必要があり、自分本位な動作だけで相手を投げることは困難です。そこでは、組み合った相手の動作から相手の意図を感じ、自分自身のその後の動作を考える必要があります。これは、視覚、聴覚、触覚を使った非常に高度なコミュニケーションに相当します。そのため、柔道療法は、他者との共感性や協調性を育む効果があるとも言えます。

　第3の要素は、一般的な複数組で行う乱取とは違い、1組ずつ参加者全員に注目される中で乱取を行い、技の成功や受身のうまさなどの敢闘を参加者全員からの拍手で称賛されることです。これにより、患者本人は対人的肯定感を享受でき、自尊心・自信の獲得に繋がっていきます。この「褒めて伸ばす」方法は、SSTの有効な実施方法のひとつです。

　特に、精神的障がい者や知的障がい者は自己肯定感が低い傾向にあり、皆んなの前で励まされ、拍手を受けることが精神的な快感に繋がり、一歩一歩自信へとつながることが期待されます。

　柔道の稽古方法には、相手の力量に合わせた「三様の稽古」[14],[15]という練習があり、技量と強さを身につけます。格上相手との「捨て稽古」、同格相手との「互角稽古」、格下相手との「引き立て稽古」の3つが挙げられています。西川病院の事例では、有段者と障がい者、有段者と健常者の柔道初心者での乱取が実施されています。そのため、柔道療法には、障がい者から見た「捨て稽古」と有段者から見た「引き立て稽古」が含まれていると言えます。

そして、最大の特徴は、1組の乱取を参加者全員で注目し、敢闘を拍手で称賛することが徹底されていることです。障がい者は対戦相手の倒し方を考えるだけではなく、周囲からの視線も意識しながら取り組みます。普段、社会と距離のある障がい者にとって、多くの注目を浴びることは一時的に過度な緊張状態に追い込むことになっているかもしれませんが、その苦しみのあとには、自らの頑張りが参加者全員からの拍手によって称賛され、歓迎されていることに気付かされます。この刺激に満ちた稽古は、「見られ稽古」とでも呼ぶべき稽古方法であり、参加者全員からの拍手は、障がい者にとって社会からの肯定感の受容であるだけでなく、西川病院の目指す「楽しい柔道」の享受でもあります。これは、障がいの有無を問わず、柔道の楽しさを享受できる新たな稽古方法と言えましょう。

5)「見られ稽古」とスペシャルオリンピックス
　柔道初心者であっても参加者全員から称賛される「見られ稽古」の考え方は、スペシャルオリンピックス（以下、SO）の理念に通じるところがあります。SOは、継続的なスポーツトレーニングとその発表の場である競技会の提供を使命とし、活動を通して障がい者の自立と社会参加を促進し、生活の質を豊かにすることを目的とした活動です。競技会では、可能な限り同程度の競技能力を持つアスリートが競技できるように、性別、年齢、競技能力などによってグループ分け（ディビジョン）が行われます。これにより、誰もが平等に競い合い、自身の能力を十分に発揮し、輝く機会が与えられます。そして、出場したすべてのアスリートが表彰されるのもSOの特徴です。この「誰もが称賛される」理念は西川病院の柔道療法と一致する点であり、「見られ稽古」は障がい者スポーツの実践において不可欠な要素だと言えましょう。

本研究では、柔道療法の新たな事例として、西川病院の活動を取り上げ、障がい者柔道の観点から西川病院の特色を明らかにし、医学的見地においても有効であるとして紹介しました。
　西川病院の柔道療法は精神・知的障がい者に対するSSTとして実践されている点が大きな特徴です。そこには、代表者の西川医師の「柔道を認知行動療法に活かしたい」との思いが込められています。特に、乱取を1組ずつ行い、技の成功や敢闘を参加者全員で拍手で称賛することは、西川病院の柔道療法における最大の特徴です。これにより、患者自身は社会的肯定感を享受でき、社会生活技能の向上へと繋がっています。ここには、既存の「三様の稽古」で代表される柔道の稽古にはない「見られ稽古」の一面が発見できました。そして、「誰もが称賛される」理念はスペシャルオリンピックスとも共通の精神であり、柔道療法に関わらず、あらゆる障がい者柔道とその普及のために不可欠な要素です。
　ただし、西川病院と同様の体制で柔道療法を広めることは困難でもあります。西川病院では、指導代表者の西川医師の信念だけはでなく、柔道療法に積極的な病院スタッフ（看護師、作業療法士など）の支援体制が整っています。支援者の数が多いことは指導者側の負担や怪我の軽減につながります。このように、障がい者への専門的知識のある柔道経験者を多数揃えられる環境は限られてきます。故に西川病院が特異な事例であろうとも言えます。しかしながら、西川病院での知見は、柔道療法の普及に活用できるものばかりです。今後の普及活動においては、柔道療法の実践規模に応じて活用されることが望まれます。
　今後、精神医学的な柔道療法の効果についてさらなる活動事例を増やし、知見を発信し、研究と検証をする必要があります。
　最後に、精神科医の西川先生は、柔道のリハビリテーションの効き目が現れるしくみ[1],[7]として、

1．柔道は頭（前頭葉）ではなく錐体外路系（ドーパミン系）を活性化させる。
2．闘争により気力（ドーパミン系）が湧く。
3．技を褒めることにより報酬系（ドーパミン系）が活性化される。

　以上のことを提唱されています。これらについて、さらなる科学的検証でのエビデンスにより療法の発展が期待され、柔道の療法的効果が益々明らかにされることと思います。

6、障がい者の柔道への接し方

　特に障がい者への柔道指導で所期の目的を達するためには、障がい者への指導方法に留意すべき点があります。基本的には障がい者にどのように接するかが問われます。四箇所（わらしべ園、マミー園、青鳥特別支援学校、西川病院）での施設における障がい者への柔道指導では共通点が見られます。

　一つ目は、「係わりのラポート体制がよければ、障がい児・者は係わり手の働きかけに対応して姿勢等を調整する動きや、活動の継続を求めるような行動が見られ、さらに相手に身を委ねてリラックスする状態がみられます。そこで、係わり手も障がい者の動きに応じて自分の働きかけを調整したり、障がい者の気持ちを読み取り、それを共有しようとする志向性がみられる状況になるような働きかけが好ましい」[18]と強調していることです。さらに相互の身体接触に基づく運動活動を通した「関係あそび」のような動作を施すことで、対人関係の向上が示されたことを上げ、障がい者との好ましい相互関係を築くことで指導が有意に進められることを示唆しています。

　二つ目は、実際の柔道指導においての留意点を次のように挙げています。
（1）障がい者と係わり手との相互関係の形成を目指しているという目的を常に踏まえること。

（2）特定の運動プログラムを実施するのとは違い、運動活動の内容は個々の障がい者の様子や体力・体格と、係わり手の体力や体格とを考慮に入れながら工夫していくこと。
（3）働きかけが一方的にならないように、障がい者からの誘いあるいは継続を要求するような動きがないかどうかに留意すること。
（4）活動内容に応じて声の調子を変えながら、絶えず言葉掛けをしたり、身体を通してのやりとりを試みること。

　実際の柔道の練習では、「取」と「受」と「形」的に、約束的な動きの状況を構成して、障がい者の状態に合わせて互いに心身の力を発現されるよう導き、体性感覚の活動や反射機能を促し、力的感覚を誘発することで心地よさが感得されます。そのためには、指導者の障がい者への言葉掛けは非常に重要です。そして、障がいを持つ人は症状が異なりますので、一様な内容と指導方法ではうまく進めません。従って、指導内容を個別に対応できるようスモールステップな内容を検討する必要があります。障がい者の症状に見合った形で柔道に親しめるような計画と内容を図ることが大切です。

7、最後に"ゆる柔道"と障がい者から学ぶ

　"ゆるスポーツ"とは、従来のスポーツの概念を緩やかにし変容して行う考えに基づいたものです。これは誰でもがゆっくり、ゆったりと行えるような無理のない動きです。
　柔道での"ゆる"とはあまり力まないで、安全な配慮の下で緊張感を取り除いた気持ちによってお互いが投技を掛け合って投げたり、投げられたりして楽しむことです。より身体を柔軟にしながら心の緊張感やストレスを緩和して柔道の動きに接して楽しんで行うことです。このような、もう一つの柔

道の姿があっても良いと思います。障がいを持っている人達などはもちろん、柔道そのものをそれぞれの対象毎に、レクリエション的な形に変えて楽しむような試みです。

　柔道の創始国である日本も新たな時代に合わせ、新たな考え方で「ゆる柔道」を普及していくことが必要だと考えます。それこそ柔の理、崩しの理[注4]に沿った動きを柔らかく、ゆっくり体感する方法です。安全をより配慮した新たな考えの柔道です。

　国際障がい者武道協議会の松井[19]による「障がい者による武道で変える。障がい者による武道で変わる」という考えを広めていきたいものです。それは、障がい者が柔道で訓練してその過程で良い方向へ変容していくことが、「障がい者による柔道を変える」ことであり、その成果を健常者の指導方法へ活かすことが、「障がい者による柔道で変わる」という意味です。その手法は障がい者のみならず、健常者にも見習う部分が多くあります。例えば知的障がい者に有効な指導法は、一般の初心者にも有効であり相補の関係にあると思います。

　このような障がい者柔道の研究と実践が、今後の発展ムーブメントとして発展、進化することを切望します。

　終わりに、最近のトピックスで障がい者柔道の競技において、2017年10月にヨーロッパのドイツで初めての知的障がい者の世界選手権が行われました。そして2019年3月、スペシャルオリンピックスがアブダビで開催されます。日本の参加を望みます。その翌年、2020年には東京パラリンピックを迎えます。障がい者スポーツ・柔道をさらに盛り上げていきたいものです。

注

注1）ノーマライゼイション
　スウェーデンのミケルセンという人が、1959年にはノーマライゼーションの理念を盛

り込み知的障がい者等福祉法を誕生させました。1960年代には欧米に広がり、1971年には国連で知的障がい者の権利宣言が取りあげられ、1975年には障がい者全体に対象が拡大されました。1981年の国際障がい者年を契機に、日本でもノーマライゼーションの考え方が広まりました。
〈参考文献：http://www.ja.wikipedia.org/wiki/ノーマライゼーション〉
注2）Sports for all
　1975年ヨーロッパ会議のスポーツ担当大臣会議で採択された「Sports for All 憲章」において、スポーツをすることは人間の基本的な権利であり、国家もこれを保障し、その振興に積極的に努めることが求められました。21世紀を迎えた現在、スポーツがあふれる社会づくりが進み、チャンピオンスポーツのみならず、レクリエーションスポーツが拡大しています。近年では、パラリンピックもオリンピック同様に註目されています。このことからも、やはりスポーツとは競争以外に遊びや自己実現という性格を内在していることが示され、現代はその原点回帰の時期といえるかもしれません。
〈参考文献：http://www.user.keio.ac.jp/~murayama/sub11.html〉
注3）フロスティッグ
　フロスティッグのムーブメント教育が日本に紹介されてほぼ30年が経つ。学習困難児、学習障がい児の教育プログラムに神経心理学的視点や楽しい教育環境的視点で迫った学者は、当時フロスティッグを除いて世界にはいなかった。〈フロスティッグのムーブメント教育・療法　理論と実際、日本文化科学社、小林芳文訳〉
注4）柔の理、崩しの理
（1）柔の理
　柔の理とは、弱力の者が剛力の者を打ち破る際の柔能く剛を制す原理といえるだろう。柔術では、相手の力に逆らわず、その力を利用して勝つことが重視された。
　これは、組んで行う柔道で、お互いが押し合う時「その押す力に従って体を沈めることにより、十の力の人は前へつんのめり、七の力の人でも勝てる」とされ、防禦の際には相手の攻撃力を利用し、体捌きによってかえって有利にたてるのである。
（2）崩しの理
　柔道は、攻撃の際に引き手と体捌きで相手を崩すことが大切な技術である。これは、レスリングや相撲のような裸体格闘技と比較して、また空手や合気道でも見当たらない柔道だけの特徴といえよう。八方の崩しがある。襟と袖をもっていることによる、柔道の独特な攻撃法といえる。
〈藤堂良明：「武道」としての学校柔道のあり方について、26巻1号p1-8武道学研究（1994）〉
注5）心理療法
　神経症のように心理的な原因によると考えられる病気に対して、薬物によるのではなく心理的な技術を用いて治療する方法。精神療法。サイコセラピー。〈大辞林　第三版の解

説〉

　心理療法の基本は「聴く」ことにある。受容的に聴き入れられる体験だけでも、気付かなかった様々な感情や思いが表出されて整理がつく。治療者に投影されること（転移）に注目した治療法である。
注6）公案問答
　禅宗で、修行者が悟りを開くため、研究課題として与えられる問題。優れた修行者の言葉や事蹟から取られており、日常的思考を超えた世界に修行者を導くもの。〈大辞林　第三版の解説〉
注7）SST
　"Social Skills Training" の略、「社会生活技能訓練」や「生活技能訓練」などと呼ばれている。SSTは認知行動療法の1つに位置し、新しい支援方法。実社会での適応能力を身に付けるために、新人研修のようなロールプレイングによって、行動リハーサルを行う訓練。対人関係を中心とする社会生活技能のほか、精神障がいをもつ人たちをはじめ社会生活の上で様々な困難を抱えるたくさんの人たちの自己対処能力を高め（エンパワメント）、自立を支援するために、この方法が広く活用されることが期待されています。〈引用：一般社団法人　SST普及協会〉

引用文献

1) 嘉納治五郎：「柔道教本」堀書店、p3-7、1931
2) 佐々木武人：障がい者の柔道指導に関する研究動向と課題―特に欧米の動向より―、福島大学教育学部論集、第76号、p11-20、2004
3) 橋本敏明、柏崎克彦：「武道で生き生き人生―事例報告―障がい者への柔道による武道の可能性を探る」月刊「武道」、11月号、p62-67、1995
4) http://www.seiwakaihamada.or.jp/blog/?page_id=470：しおさいニュース　柔道療法を浜田から！（WEBしおさい掲載）
5) 仲野猛：「柔道療法」の実践―詩・柔道で体・心・技・知を伸ばす―、マミー学園、2010
6) 宇都宮奈美・濱田初幸：知的発達障がい者における柔道稽古、教育系・文系の九州地区国立大学間連携論文集、2（2）、2009
7) 佐々木武人、坂本剛：「精神遅滞児の柔道指導に関する事例的研究」福島大学教育実践研究紀要、第32号、p79-86、1996
8) 佐々木武人：「知的障がい者の柔道教育について」講道館柔道科学研究会紀要、第8輯、講道館、p123-138、1999
9) 中山浩乗：「療育に柔道を取り入れた目的と効果」身体障がい者福祉研究会「昭和60

年度研究紀要」第 33 号、p124-126、1986
10) 角杉昌幸：東京都立青鳥特別支援学校の体育授業への柔道の応用実践、国士研究会、8th. The New Japan、p15-22、国際障がい者武道円卓会議、国士舘大学武道徳育研究所、2009
11) 中村和裕、高坂勇毅、日比野幹生：精神障がい者・知的障がい者に対する柔道療法の事例研究：社会医療法人清和会西川病院の取り組みから見えた柔道療法の新たな可能性、柔道学研究、Vol. 49, No. 3、p193-200、2017
12) 佐々木武人：武道の特性を応用した精神障がい者への運動療法の可能性について：スポーツ精神医学、日本スポーツ精神医学会、Vol. 3、p33-36、2008
13) 佐々木武人：柔道指導による障がい者への運動療法について．重複の知的障がい者及び精神障がい者を対象、福島大学教育学部論集、75、p1-9、2003
14) 斉藤仁：柔道　実践に役立つ全テクニック、成美堂出版、p129、1997
15) 松本芳三：柔道のコーチング、大修館書店、p232-233、初版、1976
16) 中島たけし・徳安秀正・岡田龍司・田村昌大・橋本昇・肥後梨恵子・佐々木武人：障がい者と柔道療育の可能性．障がい者柔道療法の事例研究、国士舘大学　武徳紀要、23、p27-43、2012
17) 西川正：分裂病の動物モデルから精神医療の地域モデルまで．稲永先生の一弟子である精神科医の個人業績レビュー
18) 川住隆一：運動活動に基づく「関係あそび」を通しての重度・重複障がい児と係わり手との相互交渉─その意義と方法─、国立特殊教育総合研究所紀要、第21巻、p51-58、1994
19) 松井完太郎：障がい者による武道で変える、障がい者による武道で変わる、柔道学研究 47 (3)、p209-214、2015

Chapter 1 History and Techniques of Ju-Jitsu

Jigoro Kano established judo in 1882. Judo was based on ju-jitsu which was popular during the Edo period. I have chosen several representative ju-jitsu schools and studied their histories and techniques. These are my findings:

One of the original schools of ju-jitsu is the Takenouchi-ryu kogusoku koshi-no-mawari. In 1532, Hisamori Takenouchi, who was the lord of the castle of Ichinose, was training with a wooden sword. An elderly man appeared during a training session and taught Takeuchi the secrets of *bujutsu* (techniques for warfare) *Kogusoku*, refers to a small dagger and a technique of the *kogusoku* characterized the Takeuchi style. In addition, he developed five techniques for apprehending an enemy as well as twenty-five techniques for tying up an adversary with a rope known as *koshi-no-mawari*. Second generation master Hisakatsu and third generation master Hisayoshi further polished these techniques. Takenouchi-ryu was a composite martial art, comprised of not only ju-jitsu, but also fighting with a sword and a staff.

In about 1648, Sekiguchi-ryu used the term of the ju-jitsu for the first time. Ujimune Sekiguchi, founder of Sekiguchi-ryu trained in the martial arts and became a ju-jutsu instructor under the lord of Kishu. He specialized in the usage of gentle power. Second generation master Ujinari developed breakfalls based on how a cat lands on its feet after falling from a roof. The techniques of the Sekiguchi-ryu can be divided into three categories: ju-jitsu, drawing the sword, and swordsmanship.

Kito-ryu prospered early in the Edo era. When founder of Kito-ryu, Sensai Ibaraki showed *midare* (free sparring) to the Zen priest Takuan, he called this practice "Kito-ryu midare". Second generation master Masashige Terada changed the name of the school to Kito-ryu ju-jitsu. The principal techniques focused on grappling while wearing armor and featured *yoko-sutemi-waza*, the throwing over one's shoulder. Disciples practiced twenty-one kata and learned from five texts ("Hontai", "Ten-no-maki", "Chi-no-maki", "Jin-no-maki" and "Seikyo"). Of these texts, "Hontai" was the most important one. This text did not focus on kata techniques as much as the principles of practicing the kata such as focusing one's *ki* in the *tanden* (approximately 4 cm below the navel) and performing the kata in harmony with the universe.

Masatari Iso established Tenjin shinyo-ryu, which was the last ju-jitsu of the Edo period. He was born in Mie prefecture in 1804. Iso studied the Yoshin-ryu and Shin-no-shinto-ryu at the age of fifteen in the city of Edo. When Iso fought against a great number of people in Kusatsu, he realized the importance of the strikes and kicks. The name of the school comes from ju-jitsu schools where he practiced and Kitano Tenjin shrine in Kyoto where he prayed. The kata has one hundred twenty-four techniques including vital strikes and joint locks. The ascetic practices of the kata were aimed an improving the students' attitude and Iso preached putting one's *ki* in the *tanden*. This is due to the fact that when the upper body is relaxed, it can move more freely. There was also randori, where opponents were able to freely perform both offensive and defensive techniques against each other, including *osotogari* (large outer leg reap), chokes and joint locks.

Chapter 2 The creation and the spread of Judo

Jigoro Kano trained in ju-jitsu to strengthen his mind and body. In 1882, Kano modernized ju-jitsu and created Kodokan judo. Kano initiated various events at the Kodokan and Introduced judo into the school curriculum and among the police. I surveyed the creation of the judo and Kano's strategy to spread judo.

In 1860, Kano was born in the town of Mikage in Hyogo prefecture. Kano's father Mareshiba did not live with him due to his work, so his mother brought him up. When his mother died, Kano moved to Tokyo in 1870 when he was ten. Kano entered Ikuei-Gijuku, a private school. Kano's marks were excellent, but he was bullied at school because of his small weak body. In 1877, Kano entered Tokyo University and became a disciple of Tenjin shinyo-ryu. After the death of Hachinosuke Fukuda, who was his first teacher, Kano studied Kito-ryu ju-jutsu from Tsunetoshi Iikubo. This school's techniques were limited to just twenty-one which Kano mastered. Kano improved the techniques of ju-jitsu and founded Kodokan judo at Eishoji temple.

In about 1884, Kano began monthly contests (*tsukinami shiai*) and midwinter training (*kangeiko*). After training in ju-jitsu kata, students practiced *randori*. As the number of students increased, *randori* become the principal focus. Kano also lengthened the sleeve and hem of judo-gi in order to reduce the danger of injuries such as scratches during *randori*. While performing throwing techniques, Kano scored an opponent defeated by throwing them on their back as an "ippon." Around 1885, a *bujitsu* contest was hosted by the Tokyo Metropolitan Police Department. Students of the Kodokan achieved an important victory against ju-jitsu practitioners of other schools through their leg throwing techniques. As a result, the police department requested a teacher from the Kodokan, and judo was spread throughout the Tokyo Metropolitan Police Department. In 1882, Kano received a job offer from Gakushuin University and adopted judo for classes. Kano became the principal of the Tokyo Higher Normal School, which trained teachers. He adopted judo and kendo as part of the curriculum of the school, and the graduates taught judo and kendo in their hometowns. In 1895, Kano created the "*Gokyo-no-waza*" as a pedagogical tool for teaching throwing techniques. In 1911, the Ministry of Education adopted judo and kendo for the junior high school regular curriculum. It cited three purposes for initiating judo classes. These were "physical training", "developing the mind" and "self-defense." In 1915, Kano expressed judo as the "*Seiryoku-Zenyo*" ("Maximum Efficient Use of Mental and Physical Energy"). In 1922, Kano announced "*Seiryoku-Zenyo*" and "*Jita-Kyoei*" ("Mutual Prosperity for Oneself and Others") as principles of Kodokan judo. Kano started the Kodokan with nine students. Through the cooperation of many people, by 1938, the number of enrolled students had reached 120,000.

Chapter 3 Diffusion of Judo in the world

When Jigoro Kano founded judo, he had already been thinking about how to diffuse judo not only in Japan also around the world. What led him to pursue this path?

In the case of Japan, it may have been simply been a matter of love of country. However, but this does not explain his plans on a global scale. Kano thought that judo was such an exceptional way to train the body and mind that it should not be limited to Japan but rather it should be shared throughout the world. In addition, he envisioned judo as a way to repay those who did aided Japan in the establishment of the Meji government in its quest to build a modern state. What could he offer as a means of reimbursement to the international community? Kano thought that something particularly Japanese would be the most appropriate. With this in mind, he thought that judo would be the most suitable choice. A second factor to take into consideration in why Kano chose to share judo with the world is Kano's sense of patriotism. By offering judo to the outside world, other countries might see Japan in a more positive light and be more willing to accept Japan into the international community.

To this end, the Kodokan sent 6th degree black belt Yoshitsugu Yamashita to the U.S.A on the 22nd of September, 1903. Prior to Yamashita's posting, Samuel Hill, an American, invited Yamashita to teach his children judo in 1902. A former attorney, Samuel Hill, worked for James J. Hill, the founder of the Great Northern Railroad, before he married one of his Hill's daughters, Mary Frances, and became an enthusiastic and charismatic railroad builder. While gathering information on railways like the Trans-Siberian railroad, Hill frequently traveled to Europe and Asia. According to Joseph Svinth's study of judo pioneers, Hill decided that judo, which he had seen demonstrated during a recent business trip to Japan, would be just the "thing to imbue young James Nathan Hill with the idea of samurai class, for that class of men is a noble, high-minded class." In an age concerned with character development, judo was seen by Hill as the ideal solution to improve the health and behavior of his spoiled and diminutive nine year-old son. Yamashita was one of the so-called "four great pillars" of the Kodokan and Kano's right hand man. Actually, the judo expert did not stay with Hill long. Instead, he moved on to the Washington DC, where he gave the Japanese delegation judo lessons. Shortly after, Commander Takeshita Isamu, the Japanese naval attaché, arranged for Professor Yamashita to teach President Theodore Roosevelt in the White House. Yamashita and his wife, Fudeko also taught several of the Washington elite, notably the wives and children of politicians as well as prominent individuals in the city.

Chapter 4 Judo as a way of martial arts

During Japan's medieval period, there were many martial skills, such as fencing, archery, the use of the lance, etc. Among these, one was called "jujitsu". It was a composite art consisting of various techniques including ways of attacking such as throwing, striking with the hand, kicking, stabbing, choking, holding the opponent down, and bending or twisting the opponent's arms or legs in such a way as to cause pain or even fracture limbs, as well as a great variety of ways of defending oneself against such attacks. These techniques had existed in Japan since ancient times, but it was only about three hundred and fifty years ago that they came to be taught as a system. During the Tokugawa Period (1603-1867) they developed into an elaborate set of skills which was taught by quite a number of masters representing different schools.

Judo was founded by Jigoro Kano as a martial art in order to preserve the principal aims of jujitsu: to cause pain or injury to opponents and even to wield the power of life and death over an adversary.

The police and the military have continued to train in the martial art of judo from its establishment at the end of the nineteenth century up until today. Nowadays, judo training is primarily practiced on tatami mats for competition as a sport and an Olympic event. However, judo as a martial art generally would be not be performed on the the mats but on the street or the battlefield by police officers or soldiers. In this chapter, I will cite three examples of how judo as a martial art is put into practice. The first example will demonstrate how a policeman could take down a perpetrator and successfully arrest him The second example will illustrate how two policemen, assaulted by an offender, dispatch him with deadly force. The third example will show how well-trained judo practitioners are willing to sacrifice themselves in defense of their country.

Chapter 5   Judo as Kata

When Jigoro Kano founded Kodokan judo, both *"randori"* (free sparring) and "*kata*" (practice of standardized forms) were established within its pedagogical system. Kata are pre-arranged patterns of techniques and classified into nine types. *Nage-no-kata* (forms of throwing) was originally devised by the Kodokan and currently consists of fifteen throwing techniques: three kinds of *te-waza* (hand throws), *ashi-waza* (foot/leg throws"), *koshi-waza* (hip throws), *ma-sutemi-waza* (sacrifice throws) and *yoko-sutemi-waza* (side sacrifice throws). On the other hand, *katame-no-kata* (ground techniques) and *kime-no-kata* (techniques against armed and unarmed attacks) were formulated based on the techniques taught by ju-jitsu practitioners, who did not belong to the Kodokan. Currently, katame-no-kata consists of fifteen techniques, broken down into the following three categories; five kinds of *osaekomi-waza* (holding techniques), *shime-waza* (choking techniques), and *kansetsu-waza* (joint-locking techniques). Kime-no-kata was formulated late and consists of twenty techniques including eight *idori-waza* (techniques performed while sitting) and twelve *tachi-ai-waza* (techniques performed while standing). In addition, there are also the following categories: *ju-no-kata* which aims at acquiring the principle of the "*ju-yoku-go-wo-seisu*" (softness overcomes hardness), *Kodokan-goshinjutsu-no-kata* (Kodokan forms of self-defense), *koshiki-no-kata* (ancient forms), *go-no-kata*, (forms of hardness) and *seiryoku-zenyo-kokumin-taiiku-no-kata* (forms of physical education based on principles of maximum efficiency). Today, the latter two kata are no longer practiced regularly.

In contrast to randori, which has become popular as a competitive sport, kata contests were not common until recent years. Indeed, the first nationwide kata competition in Japan wasn't held until 1997. The prevalence of competitive kata was so belated principally because kata has an artistic aspect by its very nature and, hence, it is difficult to evaluate its performance objectively. Nevertheless, the All-Japan Judo Federation recently managed to draw up a competition format and a standardized judging system to determine competition results. We expect this development will help promote competitive kata in the near future.

To achieve the principle aims of judo by Jigoro Kano, we should train not only on randori but also practice kata diligently. In order to popularize kata further, it is important to increase the number of kata competitions worldwide and to foster young judoka's interest in kata practice at an early stage.

Chapter 6 Judo as randori

Today, judo is a very popular sport all over the world. However, the origins of judo can be traced back to jujitsu, a traditional martial art of self-defense, which developed during a period of civil unrest in Japan and included such dangerous skills as strikes and kicks to vital areas of the body. Judo has retained some of these dangerous techniques as "*kata*" (prescribed forms), while throwing techniques and the art of grappling on the ground are practiced as "*randori*" (free sparring). The latter has can be seen as a competitive match between two opponents who contest each other's skills and capabilities. This enables the participants to physically exert themselves to the utmost, not unlike wrestling. This competitive form of fighting has developed into the popular sport practiced today. Due to its increasing popularity worldwide, a number of rules have been changed. The competitors have been divided into different weight classes (whereas previously they had competed in open-weight categories) in order to bring a sense of fairness to the competitions as a sport.

This is little doubt that the system of judo practice developed by Jigoro Kano must have been significant factor in why judo have become such a popular sport. On the other hand, some significant issues have risen regarding how judo can coexist as a competitive sport and as a martial art (for example, the introduction of the colored *judo-gi* for competition). Judo, however, has developed as a sport and a martial art despite differences between cultures and religions. For this reason, people who practice judo can mutually benefit from the physical education aspect as well as the moral lessons taken from judo. In that sense, the merit of judo practice can be seen as two great wheels of a vehicle, its educational values as well as its utility as a competitive sport.

Chapter 7 Judo today in France

Total number of registration to the Judo Federation in France is now 570 thousands. It is 3.5 times more than the registration in Japan, which are now 160 thousands. Especially, the registration by kids is notable in France. The number from 0-year to 11-year occupies 58.9% in the total. Jujutsu (Japanese traditional styled martial art of self-defense) was propagated to France from England prior to Judo. After the propagation of Judo, Judo has developed there much popularly as result of the propagative activity by Mikinosuke Kawaishi and others who went to France. No doubt, establishment of the qualified licensing system for the teachers of Judo must have been the foundation to support the development of Judo in France today.

In France, Judo contributes to foster children who may shoulder the country in future regarding the educational aspect as important while it has been developed independently with establishment of the system for the competition sport despite originally it was imported from Japan. In France, Judo is not merely regarded as a sport but also focused on the occasion for "Character-building". That seems to be the reason why Judo in France is much more popular than Japan. In the process human being is living, 8 codes moral French Judo Federation enlightens should be most important essences. Why not our county does review the values Judo may bring about and contributes to build better society while learning the developed process through Judo in the other countries. It should be important thing as the original country of Judo.

Chapter 8　Invitation to judo for disabled people

　Judo originally developed as a sport for those without mental or physical disabilities. With the goal that anyone can pursue judo, the time has come when disabled people can participate in judo as well.
　Judo for disabled people began with the visually impaired and developed into a kind of rehabilitation for the physically disabled as well as a therapy for intellectually challenged and mentally disabled people. In addition, global competitions have been held for these disabled judo practitioners.
　With the cooperation of the non-disabled, judo communication with various people can be established, mutual empathy is deepened and we can expect to become richer as human beings. As a result, the quality of life for people with disabilities is improved, and they can attain a certain zest for life as well.
　Through the physical activity of judo and interpersonal interaction, disabled judo practitioners can gain confidence by developing motor skills, not normally utilized, as well as unexpected abilities. As a result, they can also gain a sense of accomplishment.
　Through the development of spatial awareness and the discovery of new skills, the practice of judo by disabled participants will lead to improvement in techniques, a strengthening of resolve and a sense of accomplishment.

However, many in the Japanese judo community's feel a sense of unease around disabled people. Despite being the birthplace of judo, Japan is behind Europe and the United States and improvement should be a high priority.

Judo administrators and instructors need to learn how to interact with disabled people as well as adjust teaching methods. The leadership in the Japanese judo organizations need to create an infrastructure that can provide a safe and enjoyable environment for disabled people to practice judo.

In terms of attitude and approach, the development of appropriate language is vital in providing support for people with disabilities. In addition, people with disabilities have different levels of physical and mental capabilities. Therefore, a great deal of care and consideration must be applied regarding planning and content of judo programs for people with disabilities.

As a representative example, I would like to propose judo therapy for people with mental disabilities.

著者略歴

藤堂良明（とうどう・よしあき）第1章、第2章担当
東京教育大学大学院体育学研究科修士課程修了
筑波大学名誉教授、博士（学術）
元全日本柔道連盟教育普及委員会委員、講道館七段
著書「柔道の歴史と文化」「学校武道の歴史を辿る」等

村田直樹（むらた・なおき）第3章、第4章担当
東京教育大学大学院体育学研究科修士課程修了
公益財団法人講道館図書資料部長、日本武道学会副会長
秩父宮記念スポーツ・医科学賞、講道館八段
著書「嘉納治五郎師範に学ぶ」「柔道の国際化」等

大島修次（おおしま・しゅうじ）第5章担当
国際武道大学体育学部武道学科学士課程終了
国際武道大学体育学部武道学科　特任准教授
全日本柔道連盟Sライセンス審判員　講道館七段
国際柔道連盟「形」コンチネンタル審査員

曽我部晋哉（そがべ・あきとし）第6章、第7章担当
筑波大学博士課程人間総合科学研究科修了、博士（スポーツ医学）
甲南大学スポーツ健康科学教育研究センター教授
日本オリンピック委員会強化スタッフ、講道館六段
著書「下肢トレーニングの科学」「実践柔道論」等

佐々木武人（ささき・たけと）第8章担当
東京教育大学大学院体育学研究科修士課程修了
福島大学名誉教授、医学博士
日本武道学会名誉会員、講道館七段
著書「現代柔道論」「身体運動の科学Ⅰ」等

21世紀の柔道論
<small>せいき じゅうどうろん</small>

2019年3月18日初版第1刷印刷
2019年3月22日初版第1刷発行

編者　藤堂良明・村田直樹

発行者　佐藤今朝夫
発行所　株式会社国書刊行会
〒174-0056　東京都板橋区志村1-13-15
TEL.03-5970-7421　FAX.03-5970-7427
http://www.kokusho.co.jp

装丁者　山田英春
印刷・製本所　中央精版印刷株式会社

ISBN978-4-336-06347-2　C0075
乱丁本・落丁本はお取り替え致します。